THE TENTH WAVE OF WEALTH
财富第十波

(升级版)

当黄金遇上元宇宙

林廉顺 王 晖 王淳枫 ◎ 著

中国财富出版社有限公司

图书在版编目（CIP）数据

财富第十波：当黄金遇上元宇宙：升级版 / 林廉顺，王晖，王淳枫著 . — 北京：中国财富出版社有限公司，2022.10

ISBN 978-7-5047-7787-4

Ⅰ . ①财… Ⅱ . ①林… ②王… ③王… Ⅲ . ①贵金属 – 投资 – 基本知识 Ⅳ . ① F830.94

中国版本图书馆 CIP 数据核字 (2022) 第 190929 号

| 策划编辑 | 杜 亮 | 责任编辑 | 王 君 | 版权编辑 | 李 洋 |
| 责任印制 | 梁 凡 | 责任校对 | 卓闪闪 | 责任发行 | 董 倩 |

出版发行	中国财富出版社有限公司		
社　　址	北京市丰台区南四环西路 188 号 5 区 20 楼	邮政编码	100070
电　　话	010－52227588 转 2098（发行部）	010－52227588 转 321（总编室）	
	010－52227566（24 小时读者服务）	010－52227588 转 305（质检部）	
网　　址	http://www.cfpress.com.cn	排　版	北京物格意诚文化传媒有限责任公司
经　　销	新华书店		
书　　号	ISBN 978-7-5047-7787-4/F・3479	印　刷	河北京平诚乾印刷有限公司
开　　本	880mm×1230mm　1/32	版　次	2023 年 1 月第 1 版
印　　张	9	印　次	2023 年 1 月第 1 次印刷
字　　数	180 千字	定　价	68.00 元

版权所有・侵权必究・印装差错・负责调换

永不过时的黄金投资

数字经济时代,再谈黄金有意义吗?

在资产中配置黄金,究竟是一个人的偏执,还是一种务实的做法?

曾经,在"金本位制"下,货币的含金量决定了它的使用价值与信用,这种"含金"货币一度在世界的风云变幻中助力"含金"之国登上强者之位。

如1816年,英国开启了"金本位制",英镑与黄金挂钩,黄金可以自由铸造,自由兑换,自由输入输出,开启了"日不落帝国"的辉煌!1944年,以美国为首的44个国家签订协议,确立了布雷顿森林体系,即以美元为中心的国际货币体系,让美元与黄金挂钩,从此美元变成"美金",开启了美国称雄世界的序幕!

历史在20世纪70年代被改写。

1973年,石油美元横空出世,布雷顿森林体系坍塌,美元走向霸主之位,人类进入信用货币时代。历经

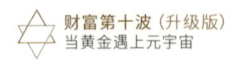

几十年的发展，法定货币（简称法币）代表财富的观念已经被全世界人民记住了，固化了。今天，人类进入数字经济时代，数字资产、虚拟资产崛起，似乎一切都已经和黄金脱离。

然而，我们不可忽视两个现象——危机和财富缩水。

当今的资源危机、金融危机、经济危机莫不与美元相关，且美元的霸主地位正不断受到挑战，债务危机就像悬在我们头上的达摩克利斯之剑，世界金融和经济正在加速洗牌中。这期间，有太多的不确定因素时刻挑战着我们的财富安全。一旦我们手中的纸币所仰仗的国家信用崩盘，我们手中所握的不过是一堆废纸。加之今天数字货币崛起，让货币更有种前途莫测之感。

我们的财富如同面包，虽然面包越做越大，价格越来越高了，但是所用的面粉几乎未变，甚至越来越少，同样的，纸币越来越多，但是价值越来越小，这绝对不是我们所愿意看到的。

因此，现在、未来再谈黄金都是有意义的，且十分必要。

历史潮流浩浩荡荡，从埃及的金杖到中国的三星堆金面罩及长沙金缕玉衣，从皇帝的皇冠到王公大臣及平民百姓的金首饰……几千年来，黄金秉承它独有的特性传达着人类对财富与权势的至高追求，今天依然是全人类公认的财富。它不是哪个政府选出来的，而是市场经过长期发展自动产生的,是国际公认的货币。"天然货币"黄金始终具备保值、增值优势。

时代风云变幻莫测,从沉甸甸、黄澄澄的金条的买卖到薄薄的一纸黄金买卖合同(黄金期货),再到无实物的"记账黄金交易"(纸黄金交易);从实际可见的、可拿在手中的黄金凭证到一串数字标记的所有权权益证明,再到在数字世界流转的可证明唯一性的黄金藏品(黄金NFT❶)……黄金与时俱进,承载着人们的投资与财富创造热情,从未退出历史的舞台。黄金依然是最佳的金融投资选择之一。

今天,我们在为财富而奋斗之时,更要对现今的世界格局和发展本质有理性的认识和警觉,毕竟每一份财富都是我们辛苦付出所得的,不能让变化将其消融。所以,我们很需要这本书,它也会慢慢地告知我们答案。

---

❶ 指非同质化代币。

元宇宙黄金智慧

有人问毕加索:"人们都称你为前卫的艺术家。请问前卫是什么?"毕加索说:"前卫就是受到从后面来的攻击比从前面来的多得多。"

很多人从这则小故事中感悟到:在投资市场,随大流的人虽然受到的攻击少些,但终究无法取得出众的成就。想要投资成功,必须要有走在别人前面的勇气和信心。

在今天的投资市场,前卫也许就是投资虚拟资产,在别人还在质疑、纠结时,你早已入手加密货币,纵横数字交易市场;在别人还未反应过来时,你已经率先购入元宇宙虚拟地产,成为元宇宙中的"地主"。你具有走在别人前面的勇气和信心。

然而,毕加索的前卫艺术有日积月累的美术功底来保证成功;你的前卫投资是否也有足够的基础,帮你降低投资的风险?在你一头扎进前卫投资热潮前,是否应该停下来认真思索一下,人类真正达成共识的财富是什么?当未来再次发生变革时，什么才能保证你不会一无所有？

能基于多远的过去就能看到多远的未来！

人类真正达成共识的财富是黄金。它的历史几乎同人类的历史一样悠久，它像一条金色的血脉贯穿了人类的历史，超越了种族、地域、文化的束缚，无论文明还是蒙昧，无论富有还是贫穷，人们对黄金充满迷恋。

真正能够帮你抵御财富风险的也是黄金。它是集金属性、货币性、金融性为一体的特殊商品，实物金、纸黄金、黄金 ETF[1]、黄金 NFT……对人类的金融市场来说，黄金从未缺席，其产品、交易随着人类金融市场的演进而进化，永不落伍！

不管时代风云如何变化，有一个事实无法改变：黄金稀少、珍贵、价值稳定，是财富和身份的象征。在目前的投资市场中，黄金投资仍是最为稳健的投资；黄金投资市场是公正、透明的；黄金能很好地使资产保值，对冲风险……

但仅仅知道这些还不够，投资本身就是一门哲学、一种境界，是对交易世界的解释。通过交易世界，我们知道什么是对和错，什么是有效和无效，它指引我们认

---

[1] ETF：交易型开放式指数基金（Exchange Traded Fund，简称 ETF），是一种在交易所上市交易的、基金份额可变的开放式基金。

识这个世界的本质，做出判断、选择、行动，无形之中重构我们的观念、规则，潜移默化地影响我们的人生态度和眼界……

所以——

这是一本告诉你黄金真相的书，元宇宙来袭，黄金不是明日黄花，它远比我们想象得重要和可靠得多。

这是一本帮助你认知世界的书，立足当今的经济、政治、金融三大宏观视角，深度剖析当今的投资局势，帮助你看清这个世界发展的本质。

这也是一本关于未来的书，帮助你把握金融市场未来的大图像、大框架，任凭时代风云变幻，使你的思想永远比别人前卫一步！

最后，希望大家能够认真阅读这本书，这既是尊重财富，也是提升财富的智慧修行。

目录
CONTENTS

引子 一米宽，千米深 1

PART1 | 财富"炼金术"

一 人类的"拜金"之谜
01 印花的"纸"和沉甸甸的"钱" 8
02 惊心动魄的财富"掠夺史" 16
03 每一次法币系统的重置靠的都是真金白银 ..23
04 元宇宙"法币"猜想 32

二 "权杖"的更迭
01 美联储的池子到底有多深 38
02 央行"操作"引发的"市场地震" 46
03 "东风""西风"的风水站位 51
04 新的"权力游戏" 56

三 新经济、金融格局
01 金融秩序的"大洗牌" 64
02 金融海啸下的"黄金浪" 70
03 贸易战，全球经济的不确定性正在加剧 75
04 MetaFi，变局再起 80

VII

四 中国调整新常态

01 中国:"链接"新业务 88
02 黄金生产领域的供给侧改革 96
03 数字经济时代黄金价值再发现 101

PART2 | 资产大变局

五 从"互联网+黄金"说起

01 让"马"跑到圈外去 112
02 从草根晋升为行业新贵的技术背景 117
03 互联网黄金的盈利模式 121

六 数字货币启示录

01 数字货币崛起,被改变的财富 126
02 破解现行货币体系的难题 132
03 数字货币和黄金的爱恨情仇 139

七 元宇宙"数字革命"

01 NFT"淘金热"..................146
02 数字资产的繁荣与乱象..................152
03 NFT 和黄金的优势互补..................158

八 金融科技的"宇宙共享"

01 元宇宙经济系统的共享模式..................166
02 共享黄金背后的发展逻辑..................173
03 共享黄金体系的构建设想..................177

PART3 投资"新生态"

九 从不"打烊"的市场

01 各路英雄的"角逐战"..................186
02 全球黄金交易市场..................191
03 消息"无间道"..................199
04 技术的套路..................206

十 世界性的投资工具

01 三大实物金的投资套路 214

02 纸黄金的秘密 219

03 保证金交易"预约"黄金 223

04 黄金股票≠黄金 229

05 衍生工具黄金基金 232

06 数字黄金入局 237

十一 新技术和新场景

01 区块链和 Token 植入 244

02 DeFi 交易未来式 249

03 元宇宙中的黄金适用场景 255

十二 金属灵魂和不褪色的财富

01 一些元宇宙真相 262

02 让财富生生不息 267

03 人生和黄金一样尊贵 272

参考文献 276

引子

一米宽，千米深

也许从 2021 年起，人类就开始步入元宇宙时代。元宇宙赋予了商业生态更多的数字资产价值。今天，当越来越多的人沉浸在虚拟货币、数字货币、NFT 等交易投资，组建多元化资产形式，以应对未来的发展趋势时，再谈黄金过时了吗？我认为不仅没有过时，反而非常有必要！

黄金不仅仅是我们看到的金灿灿的财富实物，它更会是数字经济时代我们的财富基石，它的保值、增值作用并不会因为时代的发展而被削弱，反而历经多方演变，如数字黄金、黄金 NFT，可如元宇宙般虚实相融，成为未来多元化资产的中坚力量，帮助我们构建一条"财富护城河"。我和黄金打了半辈子交道，算是率先将金融科技与黄金理财相结合的人，风风雨雨几十年，对此体会颇深。

最初，我从事电子产品资源回收——从电子废料中回收金、银、钯等贵金属。后来国家颁布管制条例，限制进口废料，我只好另谋生路。就在这个时候，我认识了一位来自印度尼西亚的华人。在闲话家常时，他提到了一桩往事。当年政局动荡，印度尼西亚华人在逃亡时会带上金

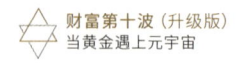

条，找到落脚处后，再把金条兑换成美元，十分不方便。由此我想到了我的父亲。我父亲从事推销工作，在马来西亚各地跑业务，每次也都需要回到总部才能结算，十分不方便。这些启发了我，让我萌生了创办融合金融科技的黄金理财公司，于是 Quantum Metal（昆腾金属）诞生了。过程超乎预料地艰难。

首先，公司的筹备花了整整 7 年时间，我投入了无数的精力和财力才终于符合开公司的条件。

其次，有来自市场的挑战。当时，许多人不理解为什么要购买黄金，加上还有其他市场竞争者，令我难以大展拳脚。不过对我来说，做生意就好比拳击比赛，只有最后站着的才是赢家，我咬牙坚持，一番努力后慢慢崭露头角，客户也开始逐渐信赖昆腾金属。

最后，在马来西亚，想要成为银行的黄金生意合作伙伴，必须经过非常繁缛的程序。我需要先向一家合法银行提出企划，接着这家银行必须经过内部讨论、查证企划是否符合国家法律和伊斯兰教教规的规定，然后还必须经过风险评估才能将这份企划提交到国家银行。而企划提交到国家银行后，还必须重新走一遍同样的程序，直到所有高层都点头了，才能获得准证。之后几年，我找了好几家银行，终于在 2014 年找到 Bank Muamalat 合作，并在 2016 年 1 月正式推出银行黄金交易服务。

在这个过程中，我感受最深的是客户信用的积累和服务的高效、便捷。为了向客户提供安全的黄金交易服务，昆腾金属和Brink's合作。Brink's是一家美国挂牌的国际保安公司，拥有超过150年的历史。当客户在昆腾金属建立了私人账户后，他们也会拥有Brink's在新加坡——可以说是全世界最安全的地方之一——的黄金保存账户，交易的黄金会存储在Brink's在新加坡的保险库中。同时，昆腾金属作为国际黄金供应商Perth Mint和中国工商银行（ICBC）在马来西亚的独家授权经销商，供应实体黄金给马来西亚的银行及各大市场。

在服务方面，昆腾金属开创了一套全球网上买卖黄金的软件系统，可以为用户提供更简单、方便、安全、保密的实时黄金交易服务，并推出了手机App QMGold（昆腾金付），让用户能够随时随地查看世界黄金利率、购买黄金或兑换现金。除此之外，昆腾金属还拥有与众不同的配套服务——"黄金增值"和"黄金兑换"。

"黄金增值"（Gold Asset Enhance）是昆腾金属主打的黄金理财配套，当用户选择这个配套时，可以让他购买的黄金份量提高到10倍，也就是说，用户只需要支付总金额的10%，就能购买他所需要的全部黄金份量。当黄金涨价时，也会以"10倍的黄金份量"来计算利润。

"黄金兑换"（Gold Convert），指用户在花钱购买黄金后，能够"兑换"不超过所购黄金价值85%的现金，来支付生活开销，这让用户可以既买了黄金又保障生活。公司推出这一服务也是为了给中低收入人群一个购买黄金的机会。

我一直相信，一国货币的价值会因为外部环境的变化而改变，比如当一个国家发生动乱时，该国货币就会贬值。可是，无论到世界的什么地方，黄金的价值都是根据当时的市价而定的。例如，受新冠肺炎疫情影响，很多商家倒闭了，如果在5年前这些商家将每个月营业额的10%投入"黄金增值"，以这几年的金价涨幅，收益会相当可观，面对疫情也多了一份保障。

今天，昆腾金属已经取得一些成就，也正在筹备在ACE&NASDAQ上市的事宜，努力成为一家可信赖的国际公司，让用户更有信心，同时公司积极和其他商家及国家高等教育基金局贷学金（PTPTN）建立合作，希望黄金投资、理财能够惠及更多的人。

我的创业经历看起来并不复杂，在昆腾金属的平台上进行黄金理财也很简单，但是黄金本身从来都不简单，它从未退出过人类社会的发展舞台，它深刻影响国际货币体系及经济格局，它与时代共同前进并依然具有强大的保值、增值功能……我的事业也只是拓展了黄金世界1米宽的范围，它的知识、意义、价值还有千米深等待着我们去挖掘。因此，我希望能够结合自身的行业知识、经验，持续传播黄金理财的意义，帮助世界各地的人更好地应对当今的元宇宙资产变局，以便更好地应对未来。

PART1
财富"炼金术"

——元宇宙财富"元"认知——

抽丝剥茧，在历史中找到财富规律和答案；
认知跃升，全方位补足致富的智慧和能量。

THE TENTH
WAVE OF
WEALTH

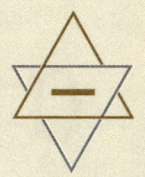

人类的"拜金"之谜

说到宝藏、财富,往往我们脑中第一个浮现的便是金光闪闪的金子,这是封存在我们意识当中关于财富的"历史印记",也是黄金独特魅力的"历史沿革"。今天,我们有幸生在一个多元的、创造财富的元宇宙时代,更需要走进黄金历史,认知财富本质。

01

印花的"纸"和沉甸甸的"钱"

> 金钱不会听命于配不上它的大脑。
>
> ——俄裔美国作家艾茵·兰德

如果你的面前有 1 吨铁和 1 吨黄金,你会选择哪一个?肯定选择 1 吨黄金(谁都不傻)。

如果你的面前是 1 吨面额为 100 元的人民币和 1 吨黄金,你会选择哪一个?此时,不少人可能就会犹豫了。虽然黄金稀有,但是人民币轻,1 吨人民币得有多少张啊!

这里可以给你答案:

以第五套人民币为例,每张刚出库的 100 元人民币的重量约是 1.15 克[1]，1 斤大概有 434.7826 张，1 吨为 2000 斤，那么 1 吨人民币约为 434.7826×2000×100=86956520 元，也就是 8000 多万元。

2022 年 2 月，金价大约为 296.23 元 / 克，1 吨 =1000 千克 =1000000 克，1 吨黄金 =296230000 元，也就是 29623 万元。

果然黄金更值钱！

所以，我们对货币和财富的理解不应该为表象所迷惑。深入其本质，站上最高峰，我们才能将其看透，从而不耽、不迷、不妄。

全宇宙稀缺

黄金稀有！

宇宙中的黄金都来自大质量恒星的超新星爆发、中子星合并这般极端天体演化过程。一般，恒星的核聚变反应以铁元素结束。只有当大质量恒星中出现超新星时，才能生成原子序数更高且质量比铁重的元素。正是由于金这样的重元素产生的机会很少，所以在全宇宙中都算珍贵。

---

[1] 参考晟火网的《100 元人民币多少克 100 元人民币重量是多少》一文，https://www.shenghuo365.com/wenda/2254347.shtml。

地球上缺少黄金吗？不缺。虽然金元素的产生条件严苛，但是根据科学家的推断，地球上的黄金资源大约有60万亿吨，人均近万吨。❶有如此多的黄金为什么还说稀缺？

在超新星爆发中，只有少数重元素会和爆炸物一起散布到宇宙中，与其他物质混合，成为环绕重元素和爆炸物运行的下一代恒星或行星的原材料。当行星形成时，重元素总是在中间，成为行星的核心和引力来源。地球的形成也是如此。所以，地球上的黄金，90%以上的都在地核中无法开采，而地幔、地壳中的黄金含量所占比例不到1%。

当前地球上已经被开采出来的黄金总量大概在19万吨的水平，其中金饰品约有9万吨、投资金约有4万吨、央行储备金约有3.2万吨，其他用途的黄金有2.6万吨；还未被开采、依旧埋藏于地下的黄金尚有5.4万吨。❷所以说，地球不缺少黄金，只是人类缺少黄金。

物以稀为贵，稀缺性和不可再生性让每一盎司的黄金在历史上都拥有高昂的价值，从古至今人们都将黄金视作财富的象征、价值的体现，黄金天然地充当了货币的角色。

---

❶ 强柔：《宇宙中的黄金多吗》，http://www.q2d.com/life/32142.html。
❷ 《ATFX：各国央行黄金储备数据汇总及黄金走势分析》，https://www.163.com/dy/article/ETANE92D05371QE1.html。

货币不一定是金银，但金银天然就是货币

在人类以物易物的时代，黄金只是作为一种金属或普通的商品，那时人们的交换媒介是贝壳，也就是说，古人可能会拿着一枚贝壳来买你的一块黄金，所以，货币不一定是金银。

但是真金不怕火炼，黄金具有稀少、耐腐蚀、耐高温、易分割、不生锈等属性，更易成为价值尺度、交换媒介和保值手段等，于是逐渐地被当作货币使用。这是市场自然选择的结果。所以，金银天然是货币。

随着人类经济社会的发展，人们发现黄金重，越来越不能满足流通的需求，于是在政府的干涉下，有了纸币，纸币代表的是政府的信用，只有政府才有铸币权，同时以黄金储备为其担保。

"金本位制" vs "纸币本位制"

政府的信用未必绝对可靠，而黄金稀缺，不易贬值，所以具有可靠性。在国与国之间经济往来时，货币的信用要以黄金储备来担保，货币量要与黄金的储备量一致，纸币只是黄金的"标志"，实际上只是一种银行券，可以用来和黄金直接交换的代用品，而不是现代意义上的信用纸币。

故而，有人调侃："纸币是有价值的，因为纸币的背后不仅有黄金，还有枪！"

其实，这就是金本位。但是"金本位制"概念在19世纪才被明确提出：

"金本位制"就是以黄金为本位币[1]的货币制度。在"金本位制"下，每单位货币的价值等同于若干重量的黄金（货币含金量）；当不同的国家使用"金本位制"时，国家之间的汇率由它们各自货币的含金量之比——金平价来决定。

第一次世界大战前，国际货币体系是典型的金本位货币体系，大约从19世纪80年代一直延续至20世纪初期，在英国、美国、德国、荷兰以及一些北欧国家间通行了约100年。

那时，资本主义各国间的货币储备是黄金，国际结算也使用黄金，黄金可在各国之间自由转移；金币可以自由铸造，任何人都可按本位币的含金量将金块交给国家造币厂铸成金币，这是"金本位制"最主要的特点和条件。"金本位制"也保证了当时外汇行市的相对稳定与国际金融市场的统一。

但是，随着资本主义经济的发展，黄金产量的增长

---

[1] 本位币：也称主币，是一个国家的基本通货和法定的计价结算货币。

幅度远远低于商品生产的增长幅度，黄金不能满足日益扩大的商品流通需要，这就极大地削弱了金币流通的基础，且黄金存量在各国间的分配越来越不平衡。1913年，美、英、德、法、俄五国就占了世界 2/3 的黄金存量。这种分配不均的状况，必然导致金币的自由铸造和自由流通受到破坏，维持"金本位制"的一些必要条件逐渐瓦解。直到第一次世界大战，黄金被参战国集中用于购买军火，并停止了自由输出和银行兑现，最终导致"金本位制"的崩溃。

在此情况下，为了解决经济发展中货币数量不足的问题，扩充货币数量、发行廉价货币的"纸币本位制"便理所当然地成为时代的宠儿。

在"纸币本位制"下，在流通中执行货币职能的是纸币和银行存款，各国货币规定的含金量仅是名义的，不能按此单位兑换黄金，黄金不再是一国货币发行的准备。

在"纸币本位制"下，货币供应量不再由黄金储存量决定，而是由一国政府依据自身经济发展或其他因素制定的货币政策决定。也就是说，人类货币进入信用货币时代后，货币的发行完全由政府掌握，由国家通过国家的信用来保证，政府可以很简单地通过货币的发行权来扩大货币发行量，解决经济发展中的许多问题。但是"纸币本位制"也因其自身难以克服的缺陷，困扰着一国乃至全球经济的健康发展（关于这一点后面的内容会

做详细阐述)。

从以物易物到金银充当货币,从金本位铸造金币银币到纸币本位纸币"独立"发行、应用,是货币随经济发展而发展的过程,也是黄金和纸币争夺货币"上位权"的过程。

纸币与黄金的"同"与"不同"

今天,虽然纸币"上位"成功,世界各国已经不再使用金币,纸币法定的含金量已经没有意义了,似乎纸币和黄金已经没有关系了,但是这样的表象并不能完全反映其本质。

货币的本质是一般等价物,能和一切商品进行交换,而纸币是国家或某些地区发行的强制使用的货币符号,代替货币执行流通和支付职能;货币本身是商品、有价值,而纸币不过是价值符号,不是商品,没有价值,不能代替货币执行价值尺度和储藏职能,也不能完全充当世界货币。

而黄金天然是货币,具备货币的一切本质特性,曾经它和纸币一样执行着货币的流通、支付职能,且拥有纸币所没有的价值尺度和储藏职能,还充当过世界货币;只是如今黄金不再执行支付职能,但是其价值尺度和储藏职能依旧没有消失,且永远不会消失。

所以，我们从来不会问自己口袋中的人民币或美元到底值几克黄金，但是我们会估计自己戴的黄金戒指、黄金手镯值多少人民币或美元。财富的本质不是那些纸币，而是沉甸甸的金银！同样的，未来我们不会问自己的虚拟资产值几克黄金，但是我们会估算自己手中的数字黄金或黄金NFT可对标多少克黄金或黄金制品，并估算它们值多少人民币或美元又或数字货币。元宇宙时代，虚拟财富的本质不在于那些数字串，而在于稀缺性。

02

惊心动魄的财富"掠夺史"

> 黄金是全部文明生活的灵魂,它既可以将一切结为它自己,又可以将自己转化为一切。
>
> ——英国作家塞缪尔·巴特勒

在中国一直流传着"男儿膝下有黄金""书中自有黄金屋""一寸光阴一寸金""乱世藏黄金"等关于黄金的名言警句。

在古埃及人的眼中,黄金是"可以触摸的太阳",是太阳神的象征。

法兰克王国国王的加冕之日,"黄金之剑"是必不可少之物。公元前5世纪,古希腊抒情诗人品达说:黄金是宙斯之子,蛀虫与铁锈都无法侵蚀之,但人的灵魂却被这至高无上的财富侵蚀。

19世纪，英国美术评论家罗斯金发出这样的质问：是人类掌控了黄金，还是黄金掌控了人类的灵魂？

……

虽然从实用角度上看，黄金对人类文明的影响还不如铜、铁、铝等金属，但自古以来黄金就吸引着人们狂热地追逐，并由此引发了无数的争斗、杀戮、战争和掠夺。从这个角度上看，黄金对人类文明的影响又是极其深远的。

自古立国靠黄金

因黄金珍贵，中外的历代统治者非常重视黄金，几乎都有自己的金库，并以此把控着国家经济命脉，而每逢乱世，金库往往也是他们用来最后一搏的家底。

比如，在古罗马时期，罗马共和国的国家金库就是被称为古罗马时期"最伟大的宗教庙宇"的朱庇特神庙。它虽是一个宗教中心，但还发挥着中央结算银行的作用，整个意大利的货币信用体系都是建立在神庙的黄金储备上的。当时罗马对各盟邦并没有直接控制权，但是通过神庙的黄金，控制了整个意大利的经济命脉，从而使得自己总能把控那些总体实力比自己强大的盟邦。

罗马共和国末期，同盟决裂，其中势力最强的庞培被凯撒打败。在逃离罗马前，庞培不顾禁令，想带走大量的黄金作为军费，用来最后一搏。但是这一做法惹怒了大量的商人与官员，他们纷纷倒向凯撒，庞培最终败亡。而凯撒统一罗马后，立即以罗马金库中那些攒了数百年的黄金作为抵押，建立了以罗马为中心的罗马帝国货币结算体系，这个货币体系一直维持到罗马帝国分裂。

古代中国虽然不像西方那样频繁因争夺黄金而引发战争，但是历代统治者对于黄金储备同样重视，更是牢牢地把控着黄金的"所有权"。

早在公元前11世纪，周朝就专门设立了大府、玉府、内府、外府等专司府库之职，专门负责管理各种财务的出纳，这便是中国国库的雏形。之后历朝历代都有专门管理国库的官职和人员。而且古代的中国也是"多金"的，要不然就不会出现皇帝一高兴就打赏百斤甚至万斤黄金的事情。

这个"多金"除了金矿的开采所得，还有丝绸之路和对外贸易的功劳。长期以来，中国的金银也来自茶叶、药材、瓷器、丝绸等高利润贸易，特别是航海时代，中国获得了欧洲人从美洲获取的大量白银，一度成为世界银储备最高的国家。

欧洲贪婪的黄金梦

历史进入大航海时代，发生了一次惊天大逆转，人类首次"全球互通"，但也迎来了一次规模最大的财富掠夺风潮。

一 | 人类的"拜金"之谜

恩格斯说：黄金一词是驱使西班牙人横渡大西洋到美洲去的咒语；黄金是白人刚踏上一个新发现的海岸时所要的第一件东西。

西方殖民者赤裸裸地掠夺黄金的恶行数不胜数，其中最有名的一个事件是"金屋子"。

身处皮萨罗囚禁之中的阿达瓦尔帕，从西班牙殖民者的行为中深知他们是酷爱金银的。他对皮萨罗说，他可以在 2 个月内调集金块、金桶、金罐、金瓶、金杯等各种黄金制品，堆满他们谈话的那间屋子，其高度一直到他举手所能达到的地方。至于银器，则堆满隔壁那间较小房间的两倍。据记载，前一间大屋长 22 英尺（1 英尺 = 0.3048 米）、宽 17 英尺，阿达瓦尔帕举手所达的高度为 9 英尺。皮萨罗同意以阿达瓦尔帕所说的赎金为条件，给予他人身自由。❶

开辟新航路，随之而来的是殖民掠夺，西方殖民者肆无忌惮地抢占资源，掠夺黄金白银。由于东方"多金"，风行一时的《马可·波罗游记》夸张地将东方各国描绘成黄金遍地、珠宝成山的财富乐园，欧洲商人闻之欢欣鼓舞，萌发了到东方寻求黄金的强烈愿望。对中国的策略，最直接的便是鸦片贸易和各类不平等条约。这也是导致中

---

❶ 严中平. 印加帝国的灭亡[J]. 历史研究，1977（4）：115-130.

国由"多金"变成"贫金"的重要原因之一。

这次掠夺风潮对世界各国的历史产生了深远的影响。亚洲、非洲和美洲许多国家,从此沦为殖民地或半殖民地国家。而在欧洲,却引起了商业革命和价格革命。

从殖民地掠夺和开采的大量贵金属流入欧洲,16世纪,欧洲的黄金从55万千克猛增至119万千克,白银从700万千克猛增至2140万千克,其中西班牙得到的金银最多。金银的大量流入,引起了物价飞涨,西班牙的物价上涨了约4倍,粮价上涨了约5倍。英国、法国、德国的物价一般上涨2倍到2.5倍。这使以工资为生的工人的实际购买力下降,日趋贫困;按传统方式征收定额货币地租的封建主的收入减少了;新兴的资产阶级、新贵族靠使用廉价的劳动力和高价出售产品而得到好处。同时,欧洲与亚洲、非洲之间的贸易增加了,并开始与美洲有了商业联系,也出现了新的金融机构、股份公司等。从此,西欧诸国的资本主义迅速发展。

席卷世界的"淘金热"

在美国历史上,18—19世纪是一个财富积累的时期,这和"淘金热"关系密切。

在第三次人口大迁移来临之际,美国移民萨特在加利福尼亚的萨克拉门托附近发现了金矿,不久消息扩散到外界。于是，美国沸腾，世界震撼，大批人开始涌入加利福尼亚，开启了美国历史上轰轰烈烈的西进运动，并且许多新近出现的城镇很快成为国际性的城市。

这股"淘金热"也很快传到中国，1849—1882年，共有30万名华人进入美国。华人首先在加利福尼亚的矿山工作。这期间，加州开采了价值12亿美元的黄金，相当于美国同期黄金总产量的三分之二，其中相当一部分是华人所采挖的。

19世纪中叶，继美国加州"淘金热"之后，在澳大利亚也发生了轰轰烈烈的"淘金热"。大批中国淘金客漂洋过海来到澳大利亚，加入了这股热潮。这两股"淘金热"极大地提高了黄金的产量。

在19世纪之前，人类社会的黄金生产力水平非常低。有人研究认为：在19世纪之前数千年的历史中，人类总共生产的黄金不到1万吨，如18世纪仅生产200吨黄金。❶但是19世纪一系列黄金资源的发现，"淘金热"的兴起，使得黄金产量得到了大幅度的提高，尤其是在19世纪后半叶，黄金产量超过了这之前的总量。2020年，世界矿产黄金产量为3478吨。

---

❶ 数据参考自 https://baike.baidu.com/item/%E9%BB%84%E9%87%91/6034?fr=aladdin。

全球经济一体化,黄金是衡量国力的标尺

到了全球经济一体化的今天,尽管发行信用货币已经成为现代国家的主流选择,但是黄金储备依旧是一个国家用以平衡国际收支、维持或影响汇率水平的重要工具,在稳定国民经济、抑制通货膨胀、提高国际资信等方面有着特殊作用。每个国家也都有自己的金库,黄金储备量的多少成了衡量国力强弱的标尺之一。

其实,不管是古代统治者对黄金的"集权"掌控,还是西方殖民者的贪婪掠夺、"淘金热"浪潮中淘金客追逐金子的狂热,抑或今天世界各国对黄金储备的重视,都是人类占有黄金"野心"的体现,也是黄金本身无与伦比的财富魅力所致。黄金的身影始终贯穿在人类社会的发展进程中,其耀眼的金色从未黯淡,即便在元宇宙时代,也是如此(将在本章第四节中详细分析)。

03

每一次法币系统的重置靠的都是真金白银

> 执古之道，以御今之有。能知古始，是谓道纪。
> ——《道德经·第十四章》

宋朝发明了世界上最早的纸币。马可·波罗在游记中对元朝纸币的流通做了生动的描述：各国使节带着各种金银珠宝来拜见元朝皇帝，元朝皇帝却用朝廷盖了章的"桑树片"（元代的纸币）作为交换，在元帝国内可以用这些"桑树片"购买任何产品。

今天，这种让马可·波罗惊叹不已的让钱从无到有的"炼金术"早已不是什么新奇事了，世界各国都是如此，并且相比元朝皇帝的做法更加"规范"了。元朝宫廷及其他机关本身并不印制这种"桑树片"，而是元朝皇帝个人印制的，它不过是一种"购物券"；但是今天，各国货币

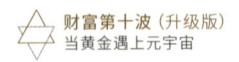

都由央行发行,可全国通用乃至在世界范围内流通,确切地说是由"购物券"演变成了法币,更有"威信"了。

不管是交子还是今天的法币,日光之下,并无新事,细细究来,一切皆有"定数",都有深刻的发展逻辑,我们能做的便是认识它、运用它。

布雷顿森林体系

第一次世界大战以前,欧洲各国和美国都在不同时期实行了"金本位制",但是因为战争或其他原因,各国政府需要大量印钞来满足超额支出,"金本位制"便被废弃了。国际货币体系随后分裂成几个相互竞争的货币集团,各国货币竞相贬值,动荡不安。

第二次世界大战后期,英美两国出于维护自身利益的考虑,构思和设计战后国际货币体系,分别提出了"凯恩斯计划"和"怀特计划"。美国凭借战后拥有全球四分之三的黄金储备和强大的军事实力,力挫英国的"凯恩斯计划","怀特计划"成为布雷顿森林会议最后通过的决议的蓝本。

布雷顿森林体系的主要内容是美元与黄金挂钩,其他国家的货币与美元挂钩,各国政府或中央银行可按官价用美元向美国兑换黄金,这就使美元处于等同于黄金的地位,成为各国外汇储备中最主要的国际储备货币,并依此制定各国的汇率、国际结算规则等。依靠美国当时的经济实力和黄金储备，布雷顿森林体系一开始确实有助于国际金融市场的稳定，对战后的经济复苏起到了一定的作用。但其自身存在的缺陷导致了这一体系最终的崩溃。

维持布雷顿森林体系的运转，需具备三项基本条件：美国黄金储备充足，黄金维持在官价水平，美国国际收支保持顺差。但这显然不现实。

20 世纪六七十年代，美国深陷越南战争的泥潭，财政赤字巨大，国际收入情况恶化，美元的信誉受到冲击，甚至爆发了多次美元危机。同时日本和西欧崛起，美国经济实力相对削弱，无力承担稳定美元汇率的责任，贸易保护主义抬头，美国相继两次宣布美元贬值。各国纷纷放弃本国货币与美元的固定汇率，采取浮动汇率制。以美元为中心的国际货币体系瓦解，美元地位下降。欧洲各国的许多人一度拒收美元。

1971 年，第七次美元危机爆发，尼克松政府于是宣布实行"新经济政策"，停止履行外国政府或中央银行用美元向美国兑换黄金的义务，同年 12 月，以史密森协定为标志，美元对黄金贬值，美联储拒绝向国外中央银行出售黄金。至此，美元与黄金挂钩的体制名存实亡。

但是，大家要明白一点，布雷顿森林体系的崩溃与黄金无关。当时，黄金并不是与各国货币直接挂钩，黄金与世界各国货币之间的"媒介"是美元，是因为美元发行过

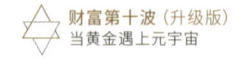

剩，无法支撑美元与黄金之间的互换，才导致了布雷顿森林体系的混乱和崩溃。而这短短的二十几年也让我们充分看到了中央银行与黄金之间的"爱恨情仇"。

中央银行与黄金的大战一直都在进行

黄金本质上是货币，由于自身的价值，黄金一旦成为一个人的资产，就不会让拥有它的人产生任何的负债。但是，纸币不过是一个购买的"承诺"，一旦成为一个人的资产，它就成为发行这个纸币的人或机构的负债，而拥有纸币的人手上持有的不过是发行人或机构的信用。

当今社会，纸币的发行政策一般由各国的中央银行制定，进而演变出了当今的"炼金术"：

以中央银行垄断货币供给，以银行部分准备金制度为放量的纸币供给系统及其相关的金融工具和市场。

例如，英镑主要由英格兰银行发行，人民币由中国人民银行发行，美元由美联储发行，同时其他商业银行要根据自身库存的现金按比例在中央银行存放存款。中央银行通过调整存款准备金率，可以影响金融机构的信贷扩张能力，从而间接调控货币供应量。

在"金本位制"的约束下，政府发行的法币数量是以自身所持有的黄金数量为限的，这样就能够有效地遏制政府滥发法币。但是一旦没有了"金本位制"，只要政府没有遭遇"信任危机",纸币的印制便可以无限地扩大并进行下去,甚至出现"以债抵债"。

比如,2008年金融危机,其起因是膨胀的债务。危机之后,美国、欧洲、日本都推出了名目繁多的量化宽松、长期融资计划和通货膨胀下限的政策,其背后的动机归根结底不过是将印钞进行到底,用"债务"偿还债务,最终膨胀为一个更大的债务,还债只会遥遥无期,而且,持有的纸币也只会越来越不值钱。当人们手中纸币的购买力遭遇"威胁"时,人们便会转去持有真金白银,黄金自然也就成了各国央行所发行纸币的天然竞争对手,而且向来如此。

那么"金本位制"是不是就是货币王道,"信用"难以担起大任?也并不是如此!

"信用"时代,"金本位制"会"复辟"吗?

2011年,伦敦街头出现了英国的第一台黄金自动售货机,大家只要将信用卡或现金塞入其中,机器就会吐出货真价实的小金条。

瑞士议会决定讨论创立与现行货币瑞士法郎平行的金法郎的可能性,规定每个金法郎的含金量为0.1克,并根据国际金价浮动,由市场决定它与现行瑞士法郎的比价关系。

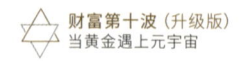

欧洲议会拟讨论恢复黄金在交易所和银行的清算货币地位。

……

"金本位制"忽然有了重新出山的迹象。

确实，欧元似乎分崩离析，美元在全球货币储备体系中的"王者"地位正在下滑。当纸币体系出现了问题后，黄金必然会受到追捧。于是，有人开始站出来大胆"预言"：世界货币格局应返回"金本位制"，以求形成稳定的国际货币体系。

那么，黄金真的会取代美元，再次登上货币之巅吗？不会！

首先，黄金市场太小了。

前文我们已经说了，人类至今开采的黄金有 19 万吨左右，其中 38% 左右，也就是大约 7.2 万吨作为可流通的金融性储备资产存在于世界金融流通领域，这 7.2 万吨中超过 3.2 万吨是各国的官方金融战略储备，其余的近 4 万吨是国际私人和民间企业所拥有的民间金融黄金储备；而另外的 62% 左右的黄金是以一般商品的状态存在的，比如首饰、历史文物、寺庙装饰品、电子化学工业品等。全世界可以拿出来做货币的黄金主要是各国官方储备以及国际市场上可以购买的实物黄金，就算有 4 万吨黄金可以作为货币流通，也远远不能满足今天日益扩大的全球化商品流通需要。

同时，黄金具有货币和商品的双重属性，当商品属性占据主导地位时，黄金价格与其他商品的价格走势是一样的；当货币属性占据主导地位时，黄金价格又会与一般商品的价格及国际储备货币汇率发生背离：可以说黄金本身的价格波动不定，扑朔迷离，而且并没有权威的价格制定机构或机制。布雷顿森林体系执行之时，虽然美国规定了1盎司黄金的价格为35美元，但是一旦市场不再承认这个价格，而且偏离甚远时，整个体系难以支撑。

总之，"金本位制"将令全球经济增长收敛于黄金所能够承担的极限，即全球可充当货币用途的黄金存量。这只会导致全球经济的崩溃：世界经济的发展要么由于黄金资源的匮乏而停滞，要么由于人类技术的进步可以合成黄金而导致"金本位制"的基础丧失而崩溃。

其次，黄金资源分配很不均匀，且国家之间不可避免地存在利益冲突。

19世纪以来，大量黄金被少数强国掌握，目前依然是少数发达国家的"囊中物"。世界黄金协会的数据显示，最近10年，世界各国央行不断增持黄金，增持黄金总量超过4500吨，使得各国黄金储备的总量达到了3.6万吨，达到了31年以来的最高水平。截至2021年年末，世界上黄金储备最多的10个国家分别是美国、德国、意大利、法国、俄罗斯、中国、瑞士、日本、印度和荷兰。美国是世界上黄金储备量最多的国家，储备的黄金总量超

8133吨，差不多是德国、意大利和法国三个国家的黄金储备之和。德、意、法三国的黄金储备量分别约为3395吨、2451吨和2436吨。俄罗斯的黄金储备位居世界第五位，约为2295吨；中国的黄金储备位居世界第六位，约为1948吨；瑞士的黄金储备位居世界第七位，约为1040吨；日本的黄金储备位居世界第八位，约为846吨；印度的黄金储备位居世界第九位，约为711吨；荷兰的黄金储备位居世界第十位，约为612吨。从国家经济发达程度来看，只有俄罗斯、中国和印度属于发展中国家，其余七个国家都是发达国家。同时，地下黄金的储量南非占了全世界的一半以上，其余的主要分布在俄罗斯、美国、乌兹别克斯坦、澳大利亚、加拿大、巴西以及中国等。这样的差距，必然导致许多国家，特别是缺少黄金储备的新兴经济体没有平等的货币流通基础，如若实行"金本位制"，不过是进一步剥夺国际上"黄金弱势群体"的经济话语权。

另外，"金本位制"这种保障体制非常脆弱，往往因为"国家利益"而被摧毁。比如，第一次世界大战爆发时，参战国需要集中黄金用于购买军需，就停止了银行的黄金兑现和自由黄金输出，导致"金本位制"崩溃。今天的世界，仍然存在着政治制度和经济发展水平上的重大差距，希望通过"金本位制"形成稳定的货币体系不过是一种美好的愿望罢了。

最后，主要经济大国恢复"金本位制"的意愿几乎为零。

确实，从普通人的角度来看，恢复"金本位制"可以遏制央行滥发纸币，减少被剥夺感。但是，自从1971年美国宣布美元与黄金脱钩，不仅美联储的货币发行放开了手脚，很多其他国家的央行也都如此，并且它们发行货币已经不再喜欢被政策考量之外的其他因素束缚。比如，当政府需要救市，需要启动经济刺激方案时，如果还要考虑与黄金挂钩，显然难度太大。因此，短期内也别指望尝到甜头的各国央行会压制货币超发的冲动。而拥有最多黄金储备的美国出于维护自身利益的考虑也不可能支持黄金再度上位。对美国来说，恢复"金本位制"就等于放弃了向全球金融市场"注水"的特权。

所以，想象很美好，现实很残酷，"金本位制"在当今世界已经难以翻身。但是我们也不能忽略一个现实，在人类未找到比黄金更有价值的货币之前，在今后相当长的历史时期内，黄金还是会与外汇、各种货币求偿权和其他资产相结合，充当具有特殊意义的货币发行准备物，国际货币体系一定程度上依然受制于黄金，因此各个国家加大国内黄金开采量、增大黄金持有量，仍然具有稳定自身货币政策的特殊意义。

04

元宇宙"法币"猜想

> 已有的事,后必再有;已行的事,后必再行。日光之下,并无新事。
>
> ——《圣经·传道书》

2008年中本聪推出比特币,从此比特币就经常被拿来和黄金比较,一度有人认为它是未来堪比黄金的货币。

2019年6月18日,Facebook(脸书)发布Libra白皮书,推出虚拟货币,并与多种法币挂钩,试图建立一个以区块链技术运行的全面中央银行,可谓野心勃勃。没想到,Libra遭到了不少国家中央银行和监管单位的抵制。

如今,对于人类来说,元宇宙是一个全新的超大陆,似乎有着无尽的财富等待我们去挖掘。不过,"虚实结合"才是它的真谛,它的财富价值也并非"凭空而生"的,而是有着实际的度量标准。

先从虚拟货币发行说起

2008年，比特币横空出世，其致富神话使得各种相关概念币纷纷上线，无数人想在"新的致富机会"中分得一杯羹。

虚拟货币也是按照黄金的"稀缺性"来设计的，如数量有限、不易获取、采挖难度日益增加。这些虚拟货币是如何发行、交易的？

任何一家公司想要上市，都有一定的门槛，比如企业规模、盈利能力等，但是发行虚拟货币（简称发币）可就简单多了，用户投票、推荐就可以发币。比如火币网的投票上币机制，你带领一个团队想新发代币，找几百个新用户注册，购买火币网的HT❶进行投票就可以轻松上市发行，这一系列的操作成本在千万元左右。

虚拟货币的价值无法度量，因为很多虚拟货币根本就无价值，而且在估值上也没有既定的标准，无法进行估值，同时它本身是一种不能创造价值的资产。

虚拟货币的发行脱离监管机制，本身就存在着风险。

---

❶ 火币网发行的虚拟货币。

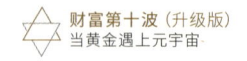

影响虚拟货币价格的因素无非就是两个——市场参与者的心态和玩家的资金实力，充斥着浓浓的投机意味。

所以，我们才会看到很多虚拟货币的价格会如坐电梯般忽上忽下，每个接触者都在做碰运气的"天使投"，真正赚钱的是发币方。当然随着时间的推移，越来越多的人已经能够理性地看待虚拟货币，虚拟货币也已走出乱象年代，走向Token❶，人们逐渐认识到了Token的支付、流通职能。Token的发行机制相比虚拟货币更为简单，有平台、有产品、有权益便可发行，完全不同于法币的发行方式和运行系统，且与数字资产有着密切的联系。

谁充当了元宇宙的"法币"？

按照Roblox（罗布乐思）的说法，一个真正的元宇宙产品需要具备八大要素：虚拟身份（数字角色）、朋友（社交）、沉浸感（沉浸式体验）、低延迟（更好的网络通信技术）、多元化（多样化）、随地（通信方便）、经济系统（数字资产及其交易）、文明（精神财富）。这么多要素

---

❶ Token·：最初翻译为"代币"，但最好的翻译是"通证"，它不仅仅是代币，它可以代表任何有价值的东西，是在区块链上流通的、有价值的、加密的权益凭证。股权、债券、积分、票据、所有权等都可以Token化，放到数字世界里去流通。

中，经济系统可以为元宇宙提供动力及运作支撑，如现实世界一样。

既然是构建一个经济体，自然有商品，是商品就有价值，有了价值就会产生基于价值的交换，就需要衡量价值的尺度，这就少不了参与流通和交易的工具。但是，元宇宙世界里的商品都是虚拟的，是数字商品，其商品定义、价值交换不同于现实世界，加之元宇宙在很多人看来是脱离于当今世界政治格局的全新超大陆，于是很多元宇宙构建者会研发出一套自己的支付、流通体系，最普遍的就是发行Token，主要有以下两种发行方式：

第一种，单Token，直接和法币挂钩。如元宇宙第一股Roblox引入了类似于Q币的虚拟货币"Robux"，用户可以进行会员购买和商店消费，从而获得专属的功能或道具等。在Roblox中，用户在某一作品中消费Robux，这个作品的创作者就能获得一部分的Robux酬劳，而Robux可以直接兑换成现金。

第二种，双Token，一种辅助系统的支付、流通，另一种以NFT资产形式上市交易，如曾经的虚拟货币那般。如区块链游戏Decentraland是以以太坊区块链为驱动力构建的一个虚拟世界，用Token MANA可以购买地块、服务等，而地块LAND则是NFT数字资产，可在数字交易市场用以太坊交易。

这些虚拟产品、虚拟资产在区块链上流转，与虚拟货币有着天然的契合度，诸如比特币、以太坊等具备一定信用度的虚拟货币也成了一些元宇宙的度量衡。可是，很少有主权货币国家会承认这些虚拟货币是真正的货币，其价值本身存在争议。很多人的购买方式还是用法币充值比特币、以太坊，然后再行购买。因此，元宇宙的"法币"是谁？还是现存的法币。

另外，面对元宇宙的发展大势，各个国家必然不会允许各个元宇宙"闹独立"，随着各国央行数字货币的推出及监管的完善，未来元宇宙货币系统会越来越规范、完善。法币和黄金有着千丝万缕的联系。虽然"金本位制"不会"复辟"，黄金不会直接在元宇宙中充当货币，但是以它对法币的影响力及自身的货币价值，一方面，在元宇宙时代它依然会是我们对冲数字资产风险的有效工具，另一方面，其货币属性也会为元宇宙货币系统的建立提供一些启发。

"权杖"的更迭

世界货币体系基本定型，物理世界的现实是：全球金融体系的信心依旧仰仗美元，货币篮子开始改变世界的资产负债形式，东方黄金势力正在崛起——财富阵地不断转移，黄金"权杖"也一再更迭。我们唯有先了解物理世界的财富机制才能更好地了解未来元宇宙的财富原理。

01

美联储的池子到底有多深

> 一发不可牵,牵之动全身。
> ——[清]龚自珍《自春徂秋偶有所触》

在布雷顿森林体系中,美元是黄金的"代言人",1盎司黄金等于35美元。虽然今天美元的这种"代言"权利已经失去,但是作为国际性货币,其对黄金的影响力依然不容小觑。

其实,全球金融市场是一张巨大的关系网,各种势力竞相角逐,其中美元和美联储占据着主导地位,其每一个动作都可能牵扯到这张关系网的运作……

美元与黄金相爱相杀

美元"dollar"一词源于"thaler",是一种在德意志波西米亚的约阿希姆斯塔尔(今捷克共和国的亚希莫夫)使用的银币的名称。根据1792年美国国会通过的铸币法案,美元的成色也被固定下来,包含一定比例的白银和黄金;《美利坚合众国宪法》第一条第十款中做了如下规定:

"任何一州都不得缔结任何条约,参加任何同盟或联邦;不得颁发捕获敌船许可状和报复性拘捕证;不得铸造货币;不得发行纸币;不得使用金银币以外的任何物品作为偿还债务的法定货币。"

也就是说,禁止各州自行铸币,但是允许黄金和白银作为法定货币使用。

也正是因为美元与金银的挂钩,加之之前布雷顿森林体系时期,美元地位空前高涨,以美元为主体的国际货币体系已形成,让美元的这种影响并没有因布雷顿森林体系的瓦解而削弱,今天,美元依然是国际黄金市场上的标价货币。不仅如此,美元还与黄金一同成了国际金融市场非常重要的避险工具。这就从两方面导致美元与黄金之间存在负相关关系。

一方面,黄金以美元计价,必然导致美元贬值金价上涨,美元上涨金价下跌。实际上在2005年之前的几年,金价不断上涨的一个主要因素就是美元连续大幅度贬值。

另一方面，由于美元与黄金同是各国中央银行的重要储备资产，若美元指数坚挺就在一定程度上削弱了黄金作为储备资产的保值功能，反之则增强了黄金的保值功能。其实自1913年美联储成立至2014年年底，美元已经相对于黄金贬值了约96%。

当然，美元与黄金的这种负相关关系并不是绝对的，有时还得看美联储这只"看不见的手"如何操纵。

"国中国"的货币体系

美国的货币体系并不是美国政府创造的，实际上由金融内部人士创造，并为美联储所控制。也就是说，和世界上的其他央行不一样，美联储的控制权不归美国政府，而是在少数人——执行委员手中。这些委员并非选举产生的，主要是银行家和经济学家。美联储从未被审计，美国国会中几乎没有人知道美联储到底在干什么。也就是说，美联储在美国是一种非常特殊的独立的存在，犹如一个完全自主的"国中国"。

这听起来有点儿不可思议，然而事实确实如此。

比如，1971年尼克松总统宣布美元与黄金脱钩，如果人们仔细听他的暂时关闭黄金窗口的演讲，就会发现他根本不知道自己在说什么，因为这并不是美国国会的主意,他不过是按照美联储的意愿在"照本宣科"。

"新经济政策"推行后,没了黄金的束缚,美联储开始毫无顾忌地进行美元扩张,对美国经济的侵入越来越深,攫取了越来越多的财富和权力。这些最终成了这个"国中国"的肥料。而且随着新货币体系的发展,甜头增大,他们也喜欢上了这个新货币体系,并开始依赖它。

现在全世界各行各业的投资者、经营者、经济学家和政治学家所拥有的财富或是权力都依赖于这些内部人士的"廉价资金"——美元。美联储不仅牢牢地控制了整个美国,而且对全世界产生了极其重要的影响。由于其强大的经济掌控力,我们即便知道这是不公平的,也无法将其根除,至少在当前的政策下是不可能的。

在纽约的美联储金库中,大约只有5%的黄金为美国政府所有。虽然在布雷顿森林体系时期美国开始将黄金倒卖给一些欧洲国家,但是根据美联储黄金交易方式,欧洲国家从美国购买黄金后,依旧将黄金储存于美联储,不过是从这个房间移到那个房间,所以美联储金库中的黄金储备量并没有因此而减少。而美国本国的黄金,据说分散在另外几处更安全的地方,比如诺克斯堡美军基地,有人认为美国有一半的黄金储藏在此地。

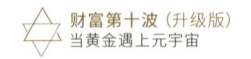

美联储的"炼金术"

美联储得以影响金价有三大便利条件：黄金以美元计价，美国的黄金储备量为世界第一，国际知名投行汇集于华尔街。

美联储主要通过利率、QE（Quantitative Easing，量化宽松）政策和扭转操作等"操纵"金价。

1. 利率

无论是通货膨胀还是通货紧缩，一旦过度都会对经济、社会、政治造成严重的影响。所以，各国都会根据市场经济过热或过冷的实际情况来实施适度的政策。美联储也是如此，它会根据市场情况调整基准利率，表明未来美国将会采取怎样的货币政策；决定如何调整贷款利率，也就是决定降息、加息还是利率保持不变。

降息会减少银行存款的收益，资金会从银行流出转变为投资或消费。一般来说，当一国经济发展处于大萧条、大衰退时，央行会采用降息的举措鼓励投资、消费，刺激经济增长。通常，美联储降息会拉低美元汇率，导致金价上涨。

加息会使商业银行对央行的借贷成本提高，进而迫使市场的利息也增加。它的作用与降息的相反。一般来说，当一国经济过热、通胀严峻时，可以通过加息使经济降温。美联储加息会促进美元升值，对股市会产生一定的打压，更多的人会因为能得到更多利息而买入美元，从而使黄金失去优势，金价下跌。

利率保持不变一般来说有"准降息"的作用，对黄金的影响体现为：随着美元货币供给量的增加，美元指数不断降低，而以美元为计价标准的黄金价格就会不断上涨。

当然，以上只是理论层面的论述，事实并非绝对如此。比如，美联储用降息应对2008年的金融危机，然而，金价不仅没有上涨反而下跌。所以，我们需要结合美联储的真实目的及市场的预期和反应来综合看待。

2.QE政策

QE政策，简单理解就是"印钱"，即央行扩大货币发行量，减小银行储备必须注资的压力。具体办法是各国央行通过购买国债等中长期债券，增加货币供给，向市场注入大量流动性资金，以鼓励消费和借贷。其目的是应对国内经济的持续下滑与投资衰退。一般来说，只有在利率等常规工具不再有效的情况下，才会采取这种极端的做法。

QE政策曾是美国的拿手好戏。美国政府通过向美联储写"借条"——国债，让美联储多印美元，然后政府用这些美元去购买需要的东西。此时美元等于国债，所以某人或某个国家拥有多少美元，实际上就是拥有美国的多少国债。虽然明知道这是美国政府在对美元"注水"，也无力反抗。一般来说，大规模的QE政策会导致美元指数下跌，黄金价格上涨。

2014年，美国宣布停止QE政策，也就是不打算多印钱了。这令全球资金回流美国，以实体经济来获得更高的收益率，相应地导致了黄金市场被冷落，投资情绪下降。当然，美联储这么做是出于巩固美元国际货币地位的考虑。

3. 扭转操作

扭转操作即试图扭转利率曲线，使长期利率低于短期利率，主要是为了卖掉短期国债，然后买入长期国债，进一步拉低长期债券的收益率。这是美国打的一手好算盘。

将长期利率压在低位，这样不停止QE政策也可以平息国内外反对量化宽松之声，而效果与量化宽松政策的相等，实质上是美联储动用铸币权降低风险，与美国财政部一起通过操纵债券市场来操纵全球金融市场的价格。

长期国债增加而短期国债减少，虽然理论上讲风险会增加，美联储的资产负债表可能恶化，但是美联储会成为美国债券市场上最大的庄家，在短期国债市场上的亏损可以通过在长期国债市场上的收益来弥补。

不会触动既得利益，短期内可以收到延缓居民资产负债表恶化的效果，而美元汇率有可能下降，使得出口得利，也可以推动投资者转向股市或公司债等回报率更高的资产。

扭转操作卖出短期国债，因此短期国债的收益率上升，这对美元来说是有利的，但必然会打压贵金属和其他国家的货币。

不管美联储的花样何其多,其最终的目的都是巩固美元国际货币的地位。政策、国情是多变的,而黄金是永恒的,这种"人为"的操纵,并不足以让我们在现实世界对黄金失去信心。

02

央行"操作"引发的"市场地震"

> 天下有道,却走马以粪。天下无道,戎马生于郊。
> ——《道德经·第四十六章》

2013年,塞浦路斯央行放话要抛售一部分黄金储备,黄金市场顿时腥风血雨。

2017年,特朗普声称不喜"美元强势",此言一出,美元闪跌,现货黄金价格暴涨,特朗普也落得了操纵美元和黄金的指责。

那么,金价最主要的"操控者"是谁?当然是各国央行,尤其是美联储。

央行右手握的是黄金储备,左手握的是货币政策,自然可以有力地影响黄金价格,而其政策的变动,往往也会给黄金市场带来不同的投资风向:要么腥风血雨,要么天下太平。

作为个人投资者,自然希望天下太平,可惜这一切不以个人意志为转移,我们能做的便是站在风口上洞察其背后的运作本质,先安己再安天下。

央行影响金价的三种手段

信用货币时代,因为黄金与法币之间的特殊关系,各国央行为了维持法币的"信用"及本国经济的有序发展,经常需要对金价进行干预,甚至打压。央行一般采取抛售黄金、黄金借贷、期货市场干预三种手段来干预金价,进而稳定全国经济的发展。

1. 抛售黄金

抛售黄金是央行抑制金价最直接的手段。比如,1999年,为了增加外汇的持有比率,达到更好的投资平衡,时任英国财政大臣戈登·布朗5月宣告要卖掉英国700吨黄金储备的半数,将所得收入用于购买外汇,包括欧元。宣告一出,短时间内对黄金价格造成了负面的影响,金价一度滑到252.80美元/盎司,这是国际黄金价格20年以来的最低点。"跌跌不休"的金价吓得各国央行赶紧在当年9月协议限制黄金抛售量,之后黄金价格逐渐趋于稳定。此次,英国政府卖出黄金395吨,约为276.60美元/盎司,总共筹集22亿英镑。2022年2月,黄金价格每盎司

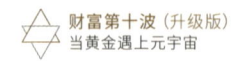

远超 1000 美元，与 276.60 美元 / 盎司相比涨了近 6 倍，这也成了历史上被诟病的黄金投资败笔之一，西方媒体毒舌地将其称为"骇人的遗产"。

2. 黄金借贷

黄金借贷就是俗称的"借金还金"，20 世纪 80 年代开始成为金矿开发的一种融资方式，今天专门指央行将长期储藏于银行的黄金贷给金矿公司，而作为贷方的央行和作为借方的金矿公司通常不会直接交易，要由大银行（商业银行）充当中介：大银行评估金矿公司的生产项目，并以自己的资产做抵押，从央行借出黄金，再转贷给金矿公司。大银行从央行获取黄金贷款后，通常会按照黄金贷款公司的要求将黄金在现货市场上出售，获得的资金转为借款人所需的项目开发资金。因此黄金借贷也具有锁定黄金价格、规避价格下跌的保值功能。

衍生金融工具的蓬勃发展使得管理风险变得更为容易，产品定价更为灵活，也进一步拓展了黄金借贷的应用空间。20 世纪 90 年代以来，黄金借贷以每年 20% 的数量递增。

3. 期货市场干预

期货市场干预，就是通过在期货市场抛售黄金影响金价。因为期货市场的特殊性，央行可以通过这种方式用更少的实物黄金控制金价。比如，美联储主席就提到过有必要支持黄金空头来对金价进行定期攻击，防止大量资金集中在黄金市场，削弱美元的地位。一般，每当黄金价格走出一个匪夷所思的趋势而没办法解释时，唯一的"合理"解释就是美联储这只"看不见的手"的操作。除了它，其他央行无此实力。

美联储的动机很不"纯"

其他国家的央行干预金价均是为了挽救或稳定国内经济发展；但是美联储不一样，它的目的很直白，就是巩固美元的地位。

比如，2013 年，德国要求取回寄放在美联储的黄金约 50 万吨（当时德国黄金总储量为 3396 吨，其中存放在美国的有 1500 多吨），但是这一年美国只归还了 5 吨。唯一合理的解释是美联储金库的黄金不够，需要回购黄金，当时黄金的市价近 1700 美元 / 盎司，显然对美联储来说有点"不合理"，巧的是，当年的金价出现了暴跌，仅 4 月 15 日一天就下跌 160 美元。随后，随着世界"去美元化"趋势的兴起，德国陆续从美国取回黄金，到 2020 年为止共从美国取回 583 吨黄金。

从美国舍不得放弃美元的国际货币地位、黄金价格的诡异下跌中，我们都能找到美联储的一些"蛛丝马迹"，结果也证明对美元是有利的，相信这些不是巧合。而美联储干预导致的金价下跌，也并不是黄金本身的价值下降，不过是美联储为了自身利益而导演的一场场戏。

  对于我们一般的投资者来说，不管是央行还是美联储对金价的干预，都是有迹可循的，我们要做的是洞察它们的各类政策背后的根本原因。

03

"东风""西风"的风水站位

> 彼一时，此一时也。五百年必有王者兴，其间必有名世者。
>
> ——《孟子·公孙丑下》

历经风雨，到现在，黄金储备基本已经形成了"西强东弱"的局面。

截至 2018 年 1 月，世界黄金协会发布的数据显示，各国官方黄金储备排行榜中，美国居榜首，德国第二，意大利第三，法国第四，中国第五，俄罗斯第六，瑞士第七，日本第八，荷兰第九，印度第十……

中国、印度、俄罗斯、土耳其等国都是黄金白银的重要消费国，但是一直以来对黄金价格的影响微乎其微。然而，任何事情都不是一成不变的，黄金市场正在迎来新一轮的洗牌……

黄金储备的多少与全球话语权的关系

每一个国家都希望自己的法币被纳入国际货币基金组织，以获得特别提款权。然而，其中的游戏规则是：想成为玩家，你的筹码——黄金必须足，毕竟这个圈子里的其他成员（如美国、英国等）都随身携带黄金玩（虽然它们并不把黄金当作钱，尽管黄金一直是钱，同时它们也在公开贬低黄金，假装黄金在国际货币体系中没有多大的作用）。

这种"表里不一"说明：

黄金是世界金融舞台上的政治筹码，你拥有的黄金数量将决定你在这场金融游戏中拥有话语权的大小。

以下的一组数据足以说明这一点。截至2018年1月，全球黄金储备前十位国家的黄金储备量及其在外汇储备中的比重分别是：

美国，官方储备8133.5吨，占外汇储备75.0%；

德国，官方储备3373.6吨，占外汇储备69.1%；

意大利，官方储备2451.8吨，占外汇储备67.5%；

法国，官方储备2435.9吨，占外汇储备63.5%；

中国，官方储备1842.6吨，占外汇储备2.4%；

俄罗斯，官方储备1818.6吨，占外汇储备17.5%；

瑞士，官方储备1040.0吨，占外汇储备8.0%；

日本，官方储备 765.2 吨，占外汇储备 2.5%；

荷兰，官方储备 612.5 吨，占外汇储备 66.0%；

印度，官方储备 557.8 吨，占外汇储备 5.7%[1]。

国际货币基金组织，执行董事会指定 8 名成员由基金份额最大的 5 个国家美、日、德、法、英和另外 3 个国家中、俄、沙任命。这 8 个国家中的 6 个国家的黄金储备居世界前十，美、德、法的黄金储备在外汇中的占比更是超过 60%。

"去美元化"的新浪潮正在袭来

美国想要维护美元的霸权地位，必然捍卫美元的强势。当美元处于弱势时，外部的各种力量会推着美元走下霸主地位。

欧洲国家加速进入"黄金遣返"行列，德国、荷兰、瑞士、奥地利、匈牙利等国央行相继从国外撤回其黄金储备，法国、意大利、俄罗斯等也在加快制订本国黄金回归计划。

发展中国家在囤积黄金。俄罗斯、中国、土耳其、哈萨克斯坦大幅地增加黄金储备，这些国家的央行将继续成为黄金的净买家。

---

[1]《2018 年十大黄金储备最高的国家》, https://www.sohu.com/a/217036829_538698。

特别是俄罗斯和中国。

2009年以来，俄罗斯正以最快的速度增持黄金，与2000年相比，其黄金储备增加了500%以上。仅2017年俄罗斯就购进黄金约224吨，2018年1—10月，增持227吨黄金，创下新的纪录。截至2022年第一季度，其央行总计黄金储备为2301.64吨，已经超过中国（为1948.31吨）成为第五大黄金官方储备国。

与此同时，俄罗斯过去20年来还大幅开采国内黄金矿场，黄金开采量几乎翻了一番。根据俄罗斯黄金生产商联盟的数据，仅2009—2018年间，该国的生产商就开采了2189吨黄金。

同时，中俄之间也在合作加速"去美元化"。比如，中俄在原油市场打算以黄金为基础通过人民币计价的原油期货合约来创造无美元的交易环境，摆脱美元的影响。

另外，金砖五国[1]也在积极商讨建立自己的黄金交易体系和东方黄金定价权基准。

新加坡首屈一指的黄金交易商罗南·曼利（Ronan Manly）对此表示：中俄积累的黄金可以被看作摆脱美元统治国际贸易策略的一部分；中俄印等金砖国家正在快速建立黄金储备，或许未来将会回到金本位，转而摆脱美元

---

[1] 包括中国、印度、俄罗斯、巴西、南非。

的全球统治。

数据显示，2022年1月，美国消费者价格指数强劲上涨，年通胀率达40年来的最高。面对40年来最高水平的通胀率，美联储不再坚守超级宽松政策，这让加息预期进一步攀升，但是受加息打压影响的金价并未出现明显的跌势。2月，黄金价格止跌反弹，加之俄乌地缘政治局势的影响，金价更是上涨。

尽管利率上升给股票估值带来宏观经济方面的阻力，但是近年来的加息中，黄金与利率并非简单的反向关系，为什么？因为黄金可以被看作摆脱美元主导策略的一部分。

2021年，高不确定性、宽松货币政策、高通胀、避险资产的价格动力、美元贬值及出于对通胀的共同担忧，世界黄金协会在2022年1月的报告中指出，很多资金创纪录地流入黄金支持的ETF。无底线的货币宽松和实际负利率已经使得美元流动由涝转旱，全球市场正在寻找美元的替代方案。目前新兴市场和欧洲国家正在以50多年来未曾见过的速度抛售美债置换黄金。同时有调查报告显示，全球18%的央行计划持续增持黄金，23%的主权基金也计划增持。

现实世界的货币历史表明，拥有的黄金数量将决定各国在这个游戏中拥有的话语权大小。而在未来的虚拟世界，由黄金支持的数字货币或数字黄金钱包的发展将削弱美元的主导地位，乃至构建出一个全新的虚拟世界货币体系，这一体系的建立或许比大多数人预期得更快。

04

新的"权力游戏"

> 只要我们能把希望的大陆牢牢地装在心中,风浪就一定会被我们战胜。
>
> ——意大利探险家哥伦布

通过前文的分析,我们能够直观地感受到货币的本质是权力,对国家来说神圣不可侵犯。大多数情况下,国家只有依靠自身的权威和信用才能制造、发行具备社会信用关系的货币。

只是今天,人类科技的进步在某种程度上提供了打破货币制造秩序的手段。比如比特币是平民第一次通过技术手段挑战了货币制造权,但这并不代表这种加密货币具备成为法币的命运,更大程度上只是提供了一种更加高效、安全的技术。元宇宙的诞生则又在技术的基础上,丰富了资产形式，赋予了货币更多、更高效的流通可能性。

但是不管怎么样，"权力游戏"的目的一定是更稳定，而不是更有效。

美联储 vs 比特币

2015年，美国商品期货交易委员会（CFTC）首次认定比特币和石油、黄金一样，是一种大宗商品，所以比特币期货和期权要符合 CFTC 的规定并接受监管。

2021年，美联储主席鲍威尔在国际清算银行（BIS）在线峰会上表示，加密货币易变，没有价值支持；它更多的是资产，没有特别用作支付手段。他指出，比特币并不能真正起到储值的作用，作为一种资产，它与黄金的性质非常接近，不能代替美元。他强调，稳定币将不会成为未来全球金融体系的基础。

美联储代表美元的利益，所以其立场一定是站在美元一边的，美联储官员对于比特币等加密货币的看贬不足为奇，不过，我们可以从中窥得未来的货币发展趋势。

今天，加密货币种类繁多，然而如果聚焦到最重要的应用货币作为价值尺度和交换媒介上，未来，主要有加密货币、稳定币和央行数字货币（CBDC）三种形式。

加密货币，如比特币、以太坊，优势是稀缺、安全、隐秘、抗通胀及可以快速交易。

稳定币，多为美元稳定币，与美元保持稳定的汇率，从而让加密货币、数字资产、数字商品等的交易具有稳定的汇兑机制。

CBDC，近几年发展迅猛，很多人认为它是最可能代替目前的纸钞的银行法币，本质还是法币，不过是"未来的法币"或"数字货币"。

三者之间无疑存在相当程度的竞争。美联储对它们持有不同的态度。

对于加密货币，从前面的资料就可以看出，美联储认为比特币不会对美元构成挑战，不值得打击。

对于稳定币，美联储支持美元稳定币的发展，认为美元稳定币可能为巩固美元在全球经济中的地位带来支持。事实上，美元稳定币具有加密数字美元的功能，能让美元无须改变现有体系，便可以更快实现网络化部署。

对于 CBDC，美联储表示不太可能威胁到美元的地位。在美联储眼中，美元的数字化已经高度成熟，虽然这样的数字化不是以区块链为基础的数字化，但是其构建在信用卡、银行体系和银行账户基础上的"互联网化"符合当前世界技术的发展趋势，同时美元拥有全球储备货币的地位，不太可能受到外国的 CBDC 的威胁。

从中我们应该看到什么？应该看到以技术为主导的新一轮"权力游戏"正在上演。

从经济权力主导到技术主导

自货币诞生之日起,不同货币间就产生了竞争。新科技革命以来,基于区块链技术信用构建的加密货币已开始逐步侵蚀基于强势国家力构建的传统货币信用。特别是在美元不断超发贬值的时代背景下,人们对于传统货币的通胀预期已经达成了某种共识。新科技的快速发展也为货币信用、货币效率的提升提供了新的解决方案。

与此同时,元宇宙令人类未来"向虚而生"成为一种趋势。元宇宙是未来人类的全新超大陆,各种秩序还未建立,目前是各国企业在进行私人化构建,并且借助各种技术手段,私人化发行代币作为流通支付手段已成为共识。这一切也预示着私人铸币的可能性,这对法币来说无疑是一个巨大的潜在风险。一旦私人铸币成功,将诞生一种超越主权的货币,影响和架空国家的货币发行和金融监管,乃至冲击一国金融体系。

这一切让各国一方面要维护自身的铸币权,另一方面要顺应时代发展趋势发行数字法币,提升法币在数字经济中的地位,积极应对私人数字货币出现带来的挑战(当然美国例外,相比于数字法币,美联储更看好稳定币)。比如,Facebook 就曾野心勃勃地想要推出数字货币 Libra,结果遭遇许多央行的抵制,并刺激各国央行加快官方数字货币的设计进程。这也会进一步促进元宇宙"标准"货币体系的建立。

元宇宙货币体系的建立

马克思说：货币作为商品的价值尺度，是商品内在的价值尺度即劳动时间的外部形式。货币作为价值尺度，需要众多的使用者共同使用才能发挥价值，基于此特性，货币的使用存在马太效应，即强者恒强。当某一货币在某一领域内得到广泛认可后，其他货币试图进入其中将极为困难。这也是为什么存在那么多加密货币却只有比特币、以太坊等"老牌"加密货币是主流的主要原因。

目前，元宇宙的发展尚处于雏形时期，并未形成统一的货币体系，此时率先取得元宇宙的铸币权和支付系统的优势地位，无疑是构建"货币壁垒"的最佳时机。而一旦构建了这样的"货币壁垒"，就可以在市场主体信用评价、金融规则制定、大宗商品定价等方面获得持续回报，同时稳固把握网络空间的主权。面对这样的"诱惑"，不管是企业还是国家，都会积极争取元宇宙的铸币权和支付系统的优势地位。而数字法币有着无可替代的优势。

比如数字人民币，其本身就是法币，具有很强的信任性和共识性，其体系基于区块链上运行的底层技术打造，清算效率高而交易成本低，其流转结算伴生包含交易主体信息和资金流转信息的宝贵数据资源。其具有法币属性、技术优势，适宜在元宇宙空间和现实社会的二元交换中用于支付、结算。一方面，数字人民币体系的软硬件设施的建设，能更快地推动元宇宙货币体系的建立；另一方面，可以凭借数字人民币体系的网络用户，获得元宇宙空间中的支付通道强势地位。

可以预见，未来元宇宙货币体系的建立，不会依靠某一企业，而是会由国家主导，各国在推进数字法币研发应用进程之时，也会努力使其渗透元宇宙。当法币以数字形式顺利打入元宇宙时，凭借黄金和法币的关系，黄金自然也会"水涨船高"，更何况黄金依然是当今金融市场的财富基石。

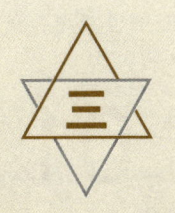

新经济、金融格局

聪明的投资者都知道，这个金融市场不会让大家平等地生存，不管是个人之间还是国家之间，不管是现实世界还是虚拟世界，都有复杂的利益纠葛。今天，随着经济格局的演变，货币竞争、债务危机、贸易战愈演愈烈，也强烈地冲击着金融市场的秩序，重塑着游戏新规则。

01

金融秩序的"大洗牌"

> 天下熙熙,皆为利来;天下攘攘,皆为利往。
> ——《史记·货殖列传》

传说,乾隆皇帝下江南路过镇江金山寺时,问当地的高僧:"长江中船只来来往往,这么繁华,一天到底要过多少条船啊?"

高僧回答:"只有两条船。"

"怎么会只有两条船呢?"乾隆很不解。

高僧说:"一条为名,一条为利,整个长江之中来往的无非就是这两条船。"

当前的金融市场就是"长江",各个国家就是江中熙熙攘攘的船,这些船也在逐名(世界影响力)逐利(国家利益),只是随着船只大小的变化、载重能力的改变,金融市场这条"长江"正悄然地发生着变革……

欧美主导的国际金融话语权正面临挑战

20世纪70年代，石油危机导致通货膨胀加剧，最终演变成一场全球经济危机。

80年代，债务加重引发债务国经济衰退，演变成一场全球债务危机。

90年代，货币贬值，演变为一场全球金融危机。

2008年，美国房地产泡沫破裂，引发了一场全球次贷危机，对全球经济产生负面影响的同时，也深深地伤害了美国的实体经济。

2009年，政府的财政赤字带来的债务违约使希腊债务危机成为导火线，引爆了欧洲债务危机，西班牙、葡萄牙、比利时等国家也陆续出现了一系列金融风险问题。

相继爆发的金融危机让发展中国家，尤其是新兴经济体❶对当前的国际金融体系的信心下降到了历史低点，这让曾经由西方国家主导的国际金融话语权受到了挑战，同

---

❶ 新兴经济体是指某一国家或地区的经济蓬勃发展，成为新兴的经济实体，但目前并没有一个准确的定义。英国《经济学家》将新兴经济体分成两个梯队：第一梯队为中国、巴西、印度、俄罗斯、南非，也称"金砖国家"；第二梯队包括墨西哥、韩国、菲律宾、土耳其、印度尼西亚、埃及等"新钻国家"。

时发展中国家的崛起，不可避免地改变着第二次世界大战后的世界经济格局：发达国家的经济在金融危机中快速衰退，其后虽然在逐步复苏，但整体发展趋于缓慢且时有震荡；发展中国家正成为世界经济新兴市场，发展快速且态势平稳。世界经济格局已经开始调整，朝着多极化方向发展，国际金融话语权逐步向新兴经济体转移正成为一种发展趋势。前文中我们也已讲到东西方黄金"权杖"的更替，其实其背后也是国际金融话语权的变更。

金砖国金融一体化对美国金融霸权形成冲击

虽然全球经济复苏艰难，欧美债务危机积重难返，但金砖国家依然保持了2倍于全球平均增长速度和4倍于发达国家平均增长速度的增速，并对全球经济增长做出了超过50%的贡献，全球经济重心正在转移。在此背景下，金砖国家为避免在下一轮金融危机中受到货币不稳定的影响，开始迅速推进合作。

2011年，金砖国家在三亚签署的《金砖国家银行合作机制金融合作框架协议》明确提出，要稳步扩大本币结算和贷款业务规模，加强重要项目投融资合作，开展资本市场合作和信息交流；2012年，提出设立金砖国家新开发银行（金砖银行），让金砖国家之间的贸易和投资更加便利。英国《金融时报》对这一设想评价称：金砖国家新开发银行将成为1991年欧洲复兴开发银行成立以来设立的第一个重要多边贷款机构。2015年，金砖国家新开发银行开业。

从全球范围来看，随着金砖国家国际经济、政治影响力的不断提升，这种新型合作模式会较大地冲击美国的金融霸权地位。如果美国不加速国际金融机构的改革，势必促成金砖国家金融一体化进程的进一步加速，金砖国家对现行的国际金融秩序的"离心效应"也会越来越大，美国全球金融霸权的合理性也将受到更多的质疑和冲击。

东亚国家金融合作正成为国际货币竞争新范式

金融危机后，国际金融市场的汇率风险加大，美元走势不明朗，在此情况下，催生了东亚国家进行合作的愿望。早在1997年，日本就在国际货币基金组织和亚洲开发银行会议上提出了"宫泽构想"，设想由中国、日本、韩国及东盟国家集资1000亿美元设立亚洲货币基金，但是因遭到众多国家的反对而夭折。

1999年召开的东盟10+3峰会发布了涉及该地区众多合作领域的《东亚合作联合声明》。2000年，东盟成员国在泰国清迈签署了以加强该地区金融合作为目的的《清迈协议》。这标志着东亚金融合作的正式开始。

《清迈协议》中，双边化货币互换安排是主要内容，

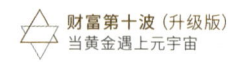

它包含了东盟所有的成员国。随后，日本、中国、印度尼西亚、马来西亚等众多国家达成了双边货币互换协议，结束了长期依靠美元计算汇率的历史，使美元在双边结算中所占的比例下降，在相互为各国货币提供流动性支持的同时，大大地降低了筹资成本和汇率波动的风险。

东亚地区的合作与发展对世界经济格局有着非常重要的影响。该地区是当今世界经济增长和贸易往来最为活跃的地区之一，东亚国家之间的这种金融合作关系，极大地冲击了美元在该地区国际结算中的主导地位，在当前世界没有出现超主权货币的背景下发挥了区域共同货币的职能，正逐渐成为一种国际货币竞争新范式。可以预见，未来一段时期，这种新范式将进一步深化发展，并将可能引发一场国际货币主导权的大变革。

国际金融机构中不同经济体的博弈愈演愈烈

世界银行和国际货币基金组织是两大传统国际金融机构，其投票规则是第二次世界大战后布雷顿森林体系的遗留物，已经不符合当今国际经济政治格局的现实要求。作为世界新兴经济体的代表，金砖国家及其他发展中国家纷纷要求增加新兴市场国家和发展中国家在世界银行与国际货币基金组织中的代表性和发言权，希望改变美国通过一票否决权来操纵国际金融机构的现实。

确实，如果这些规则不从根本上进行改革，就无法从根本上防范和制止美国对国际经济组织继续发号施令，甚至利用国际经济组织压制其他国家并向全世界转嫁金融危机的现象。哪里有不平等，哪里就会有反抗。可以说，未来很长一段时间内，随着世界经济格局的多极化发展，这两大机构内部的投票权博弈会愈演愈烈。

金融格局建立在经济格局之上，世界经济格局已然开始调整，国际金融秩序"大洗牌"已经开始，并正在进行当中。

02

金融海啸下的"黄金浪"

> 用虚谎舌头得来的财宝,是吹来吹去的浮云,死亡之网罗。
>
> ——《圣经·箴言》

当今社会似乎存在这样一种共识:越有能力的人,越是想着如何通过借钱,即用别人的钱来实现自己的财富梦想。

也许站在国家层面上看,最有能力的是美国,而美国也确实借到了全世界的钱,很多国家也效仿美国,想靠借钱来发家致富。

只是当人人都想靠借钱发家致富时,人人也都将处在一张巨大的债务关系网中,营造着"梦幻财富",一旦其中有一个人违约或丧失偿还能力,债务关系网必将断裂,随之而来的就是"黑天鹅"成群起飞。

金融市场中"黑天鹅"已经成群起飞

17世纪之前,欧洲人都认为天鹅是白色的,但是随着第一只黑天鹅的出现,这个不可动摇的信念崩溃了。今天,"黑天鹅"已经成为一个具有特殊寓意的名词,它指不可预测的重大稀有事件,这个事件在意料之外,却又改变着一切。

随着国际经济格局的动荡和演变,除了金融危机,金融市场中其他"黑天鹅"事件频发,而且几乎都是无法预测的。

2016年,基于提高全球竞争力、摆脱欧债危机的拖累和欧盟规章的掣肘等考量,英国脱欧。然而,这使英国的国际地位和影响力大打折扣,英镑应声大跌,兑美元汇率跌幅超过11%,而黄金在避险情绪的推动下暴涨100美元以上。

2020年新冠肺炎疫情暴发后,全球金融市场产生恐慌,国债作为传统意义上的安全资产亦遭抛售,随着主要发达经济体实施超宽松货币政策,国债收益率一度震荡下行……

那么,这一切是怎么发生的?一切危机都是债务危机!根据费雪的"债务-通缩理论":当经济中出现新发明技术的投资机会时，预期收益投资者会积极举债，接着预期新事物层出不穷，同时资金供给较为宽松，借款者为了追求更高的利润便会过度负债；当借贷双方都注意到过度负债时，借款者不得不采取措施，如出售资产或减少负债，这样就会出现信用收缩，货币流通速度下降，物价开始下跌；物价总体水平下跌则导致企业的收益下降，净资产减少，便大幅度裁员，失业增加；面对这样的经济打击，人们对前景失去信心，投资意愿下降，储蓄货币量增加，货币流通速度进一步下降；由于投资需求减少，物价下降，从而名义利率（利息/报酬的货币额与本金的货币额的比率）下降。但是物价下跌幅度超过名义利率下跌幅度，因此实际利率反而上升，金融市场混乱，银行接连倒闭，金融危机爆发。

费雪理论中金融危机过程可以概括为：

新发明—过度负债—信用紧缩—物价下跌、产量减少、失业增加—信心丧失—投资减少—名义利率下降—银行倒闭、金融危机。

而金德尔伯格理论也具有相似的过程：

新技术—资金过剩—过度发放贷款—资产过度交易、资产价格暴涨—利率上升、回收资金和贷款—资产价格暴跌—金融危机。

金融危机的本质就是信贷危机，是债务危机，而人类的贪婪和恐惧会让债务迅速膨胀又在消除债务的过程中发生"踩踏",这就是金融危机爆发的过程。

我们正生活在有史以来最大的债务泡沫之中

2008年金融危机之后,为了刺激本国的经济增长,政府带头大举借钱、花钱,并将利率降到最低,鼓励大家借钱、花钱,试图把经济搞上去。

也许像经济学家告诉我们的那样,信贷增长和货币供给增加会导致投资和消费的迅速增长,然而也给我们带来了一个沉重的负担——债务危机。

根据国际货币基金组织提供的数据,2021年全球债务总额已经上升至一个惊人的水平——共计303万亿美元。

如果把这303万亿美元的债务分摊到全球每一个人的头上,以全球78.75亿人口计算,人均分担的债务额为3.8476万美元。这已经令人瞠目结舌了,而另两个数字则可谓让人感到恐怖:全球还有约30亿人处在每天2美元或者更低的生活水平上,也就是说,事实上全球约一半的人基本上没有能力来承担这样巨额的债务。

当然,全球债务的偿还事实上绝对不可能被分配到个人头上。之所以讲这些数字,是为了告诉大家一个真相:我们生活在有史以来最大的债务泡沫之中。

此前,面对债务泡沫,量化宽松与"债务货币化"是大部分发达国家的主要应对策略,也就是说,这些国家在通过多印钱偿付其债务。而多印钱意味着货币贬值，货币贬值则意味着资产的贬值缩水。当债务不断攀升时，一些发达国家的财政赤字恶化，其偿债能力不得不引起人们的质疑。

另外，企业和政府不一样，企业不能印钞，还不上钱就是违约。在负债沉重的情况下，企业根本没有钱拿去做实体投资，企业只能借新还旧、回购公司股票（这就是经济明明低迷股市却热火朝天的原因），资本市场的泡沫便这样形成了。所以，在股市，很多时候我们以为是在买股票，其实不过是在购买一些公司的"债务"，而一旦这些公司破产，我们也就跟着破产了。

因此，有专家做出这样的"警告"：随着债务和资本市场的崩溃，金融体系不太可能以目前的形式存活下去，将会出现重大违约，存款人的资产可能全部消失或变得一文不值。托管风险也非常严重，这意味着任何客户的资产，如股票或债券都可能消失。黄金和白银不仅会像历史上那样拥有不可撼动的购买力，而且会大幅升值。

也许多数人会觉得这样讲有点儿危言耸听，但是不可否认，全球经济正处于转折点，除了多极化、多元化发展，其低增长、高负债的风险依然存在。在未来全球债务危机不确定的情况下，黄金永远是黄金，它所代表的价值是独一无二的，不会因为债务危机而贬值，并且可以独自直接地影响世界经济。目前，世界上没有能替代黄金职能的东西。正因为如此，人们才更喜欢它。

03

贸易战，全球经济的不确定性正在加剧

> 人之所畏，不可不畏。
>
> ——《道德经·第二十章》

  2018年注定是不平凡的一年：中美围绕"301"调查的贸易冲突加剧，引发了全球股市新一轮的下跌；中国原油期货市场上市，人民币计价原油期货出现；5月，特朗普撕毁"伊朗核协议"，原油价格上涨冲击全球股市；非农数据惨淡，美联储加息的概率骤降，无疑令美元雪上加霜……

  2021年中美贸易战打到第4个年头，这一年也因为新冠肺炎疫情变得更加动荡：疫情影响下，各国经济下滑，逆全球化趋势出现；中美贸易战继续升级……

  随着地缘政治风险的上升及贸易战可能带来的全球经

济增长放缓，市场将迎来新一轮的避险情绪。

大宗商品贸易对黄金的影响

自从人类进入信用货币时代后，黄金便成为一个十分特殊的大宗商品。既然是商品，必然受供求关系的影响。2009—2018年全世界最主要的金矿位于南非，但是随着南非黄金产量的下降，供不应求的矛盾日益突出。同时，黄金大户——各国央行为了实现资产多元化，应对经济疲软或抵挡国际债务风险，开始大力吸纳黄金，增加自己的黄金储备，黄金在市场上将进一步供不应求。

黄金是一种特殊的商品，具有货币属性，其价格的变化与其他大宗商品的价格变化有着十分密切的关系，尤其是与石油、基本金属等的价格变化相关性较高。

当黄金以外的大宗商品的价格快速上涨时，通货膨胀的压力便会迅速放大，投资者出于规避通货膨胀风险的需求，会在自身资产组合中增加黄金的比重，这种避险需求便会拉动金价上涨；相反，其他大宗商品的价格下跌，通货膨胀压力缩小，那么出于通货膨胀避险而进行黄金投资的行为则会减少，会在一定程度上抑制金价。简而言之，金价的走势与其他大宗商品的价格走势基本呈正相关。如2020年，新冠肺炎疫情引发大盘抛售后，紧接着第二季度出现一轮大宗商品价格的强势反弹，从金属开始，能源紧随其后，到了夏季，连农产品也加入这轮反弹行列。黄金在这波反弹中也大放异彩，让 2020 年迎来"黄金时代"。

但是，这也不是绝对的。由于黄金具有金融属性，有时金价也会表现出与其他大宗商品不同的价格走势。比如，金融危机引起其他大宗商品价格快速跌落，但同时导致货币体系动荡，美元持续贬值，这时黄金的保值功能便会凸显，能够刺激黄金的需求，使金价持续上涨。

所以，虽然黄金与其他大宗商品都以信用货币计价，在定价机制上有一定的内在联系，价格走势也有一定的相关性，但是，黄金兼具的金融属性使其价格波动的节奏和幅度与其他大宗商品间存在明显的差异。

中国原油期货市场上市挑战美元刺激黄金需求

2018 年的一个大事件是以人民币计价的原油期货正式在上海期货交易所上海国际能源交易中心挂牌交易，并在前三个交易日总计交易了 151804 手，交易量达 650 亿元。

事实上，市场对以人民币计价原油期货的讨论早就存在了，尤其是以人民币计价的黄金期货，被认为是人民币走向世界的开始。而其对美元来说无疑是一个挑战。

中国作为基建大国，制造业的大宗商品进口一直在增加，如果将来不断出现大宗商品以人民币计价的期货合约，不管是对国内还是对国外的投资者来说，美元都将进一步受到影响。

虽然这个挑战才刚刚开始，还不足以撼动美元的霸主地位，但将会在亚洲慢慢削弱美元的影响力。亚洲国家包括伊朗、卡塔尔等国，在以人民币计价的原油期货合约下，会收取人民币出售原油，再将人民币换成黄金，也就是说，这些国家都可能用人民币来换取实物黄金，这意味着实物黄金的需求将增加，而美元霸权的结束也将开始。

美元为了维护自身的地位，必须保持美元坚挺，这就要求美国保持贸易顺差。但是众所周知，中美贸易中美国一直处于贸易逆差地位，为了扭转这种局面，贸易战便不可避免了。

贸易战，国际贸易格局重新洗牌

2018年伊始，特朗普签署了征收钢铝关税的公告，对钢铁和铝征收高额关税，打响了中美的又一轮贸易战。反对特朗普关税计划的经济顾问科恩意外辞职，加大了市场对贸易战升级可能性的担忧。受其影响，全球股市下跌，投资者也一直在抛售美元。

作为全球最大的两个经济体，产生纷争的影响无疑是最大的，如果贸易战继续扩大，则很可能两败俱伤，不利于经济全球化及经济增长，对资本市场的冲击也可能会继续。贸易战大幅增加了全球宏观经济、金融市场的不确定性。未来的市场方向很大程度上取决于中美双方如何处理贸易问题，也正是这种不确定性，导致了避险情绪的高涨，即贸易战导致避险情绪升温。黄金作为最传统的避险工具将受到资金的青睐，推动着新一轮的金价上涨。同时，贸易战可能导致美联储加息放缓，也有利于金价上涨。

其实，各国之间的贸易战对我们来说屡见不鲜，虽然全球都在号召贸易自由，但是只要世界还是以国家为主体存在的，贸易战就会像企业之间的竞争一样必然存在。

也可以将贸易战理解为对国际贸易格局重新洗牌的过程。以 2018 年年初的这次中美贸易战为例，本质上是中美两国对原有国际贸易关系的重构过程，是第二次世界大战后全球格局再平衡的过程。这个过程会延续很长时间，在这期间，政治、经济、金融、贸易、军事等各个环节会环环博弈，让全球经济的不确定性不断增加。

所以，不管是出于避险还是保值，黄金都会是很好的选择。

04

MetaFi，变局再起

> 耕种自己的田地的，必得饱食。追随虚浮的，却是无知。
>
> ——《圣经·箴言》

欧洲金融家米卫凌在《大洗牌：全球金融秩序最后角力》中说道：在 2020 年之前，全球金融体系将面临大洗牌，它需要重新启动并进入新模式。在这种模式下，黄金将发挥更为重要的作用，美元将失去作为唯一储备货币的地位，像中国这样的国家则会变得更加强大。

如今，元宇宙正在建立一个全新的世界，免不了建立新的金融体系、新的金融制度、新的货币制度、新的交易制度，甚至新的交易市场……这一切也需要重新启动并进入新模式。对各国来说，一切都是挑战，一切也都是机遇。

三 | 新经济、金融格局

从 DeFi 到 MetaFi

自 2018 年以来，DeFi（去中心化金融）一直引领时代，引起了广泛的关注。但是，因其多局限在加密货币领域，应用场景单一，运用率仍然相对较低。直到元宇宙出现，很多人认为，DeFi 未来的主要增长将不会由 CeFi（中心化金融）推动，而是由称之为"MetaFi"的方式来推动。

虽然，今天关于元宇宙的定义众说纷纭，但虚拟身份、社交、沉浸感、低延迟、多元化、随地、经济系统、文明已经成为大家公认的要素，根据这些要素，我们可以从两个角度来理解它。

一是界面层，就是终端用户可以通过各种软硬件来体验元宇宙。如当今十分火爆的链游，运用 XR（扩展现实）技术赋予玩家身份，让用户沉浸在游戏元宇宙中。

二是金融计算层，建立一个去中心化的、透明的、民主的基础技术，从而决定终端用户基于何种经济逻辑操作进行商品和服务以及货币的交换。如以太坊，它是开发者用来建立去中心化应用智能合约的协议，也是记录元宇宙终端用户之间交易的账本。通过这种方式，元宇宙提供了一个由去中心化账本组成的平行经济系统，具有全球性、透明性、加密性、原生性等特征，且创新速度无人可比。

因此，有人提出了一个全新的概念：

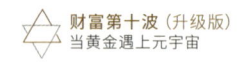

MetaFi，元金融，即元宇宙的去中心化金融工具。

相比于传统金融，MetaFi围绕用户及用户的主权展开，也就是我们的身份、数据和财富，并衍生出复杂的金融互动协议、产品及服务。如通过MetaFi，个人可以将NFT的碎片部分作为DeFi借贷平台的抵押品。一方面，MetaFi为DeFi的发展应用提供了更为广阔的前景，元宇宙即将呈现出完全不同于传统金融的服务特质和服务能力；另一方面，元宇宙在DeFi的加持下，有可能构建起蓬勃发展且完全不同于现实世界的金融体系。

随着元宇宙体系的逐步建立和健全，金融业的传统运营模式将受到颠覆性的影响。

MetaFi对未来金融的影响

和很多领域一样，MetaFi激发了金融创新者的欲望，很多人已经隐隐觉察到，这个全新的世界将会成为金融科技和新的金融科技解决方案的实施沃土。

首先是新金融生态的产生。

当前，元宇宙的能力核心是社交媒体和视频游戏公司利用自身庞大的客户群、创作者平台、交互式数字活动和最先进的硬件来构建元宇宙的基础，看起来重点似乎在虚拟现实、沉浸感、第二数字人生体验上；但实际上，其经济系统可能会促进数字资产、加密货币作为一种大规模替代金融系统出现。这样的数字金融生态系统可能会成为元宇宙经济系统活动的基础范式。

而现实世界的金融服务,基本上采取的是中心化模式,依赖集中管控。这与元宇宙所倡导的许多底层观念相冲突。显然,将现实世界的金融模式简单复制到元宇宙之中是无法成功的。

其次是金融解决方案的革新。

元宇宙将成为个人和商业互动(包括金融交易)的数字平台。为了让这个新世界尽可能真实,管理财务和交易的能力将是至关重要的。新冠肺炎疫情使大家更多地进行数字支付,金融科技的应用在全球蓬勃发展。已经有金融玩家不断地涌入这个新世界,以确定自己作为数字金融先驱的地位。

如法国巴黎银行的 VR Banking Apps,允许客户在 VR(虚拟现实)环境中虚拟访问其账户活动和交易记录;Kookmin Bank 等韩国银行就在元宇宙环境中开设了分行,允许其客户在虚拟金融小镇中享受各种金融服务;GTE Financial(佛罗里达州最大的信用合作社之一)推出了"GTE 3D",用户可以访问银行搭建的虚拟世界,虚拟的社区金融中心的服务和产品包括汽车和房屋贷款及投资、保险和金融知识信息等;中国的浙商银行、江苏银行等商业银行布局元宇宙,落地项目和服务有虚拟数字人、数字藏品、元宇宙营业厅……

随着越来越多有实力的金融玩家入驻，加之元宇宙和现实世界的映射关系，金融游戏规则将被彻底改变。

此外，很多企业、组织认为，如果不尽快为数字化转型进行必要的投资，似乎很难保持竞争力。与实力强劲的金融机构合作并从金融科技创新中获利，将是在元宇宙世界中占有一席之地的措施之一。

最后是投资新宠的不断产生。

在元宇宙中，加密货币、数字藏品、数字资产将司空见惯，结合围绕 NFT 和加密货币的炒作，不仅让越来越多的个人、组织、企业关注更多的其他数字可能性，并渴望找到新的赚钱方法，而且会让元宇宙的各种数字资产、数字项目及相关证券等成为投资行业的新宠，激荡整个投资市场。

可以预见，这一切不仅让 MetaFi 极大释放了金融科技的创新潜力，也为金融科技的发展注入了一针兴奋剂，刺激更多的技术产生和运用，从而由虚向实，颠覆现实世界的金融技术、产品和服务。对我们个人的影响则是拥有更多的投资可能性，拥有更人性化、个性化的金融服务。

但是，我们必须正视一个现实：虚拟世界的金融市场会涉及税收、外汇交易，容易滋生逃税、洗钱、圈钱等违法犯罪行为，而监管机构只能监管基于法币系统的 DeFi，当前的加密货币和 NFT 资产依旧有泡沫成分。如何让自己不触碰投资黄线和红线？我们可以向黄金看齐，享受金融科技带来的黄金投资便利性、安全性，同时用黄金为未来的投资做资产"托底"，未雨绸缪。

四

中国调整新常态

"不患寡,而患不均",世界黄金市场的发展是不公平的,长期以来,黄金投资仰仗的都是国外市场。但是今天,中国黄金市场的发展已从模仿进入了新的发展阶段,和中国经济一样已形成中国特色,在这样的新常态中,中国黄金市场以及个人投资将迎来新的机遇。

01

中国:"链接"新业务

> 凡事有经必有权,有法必有化。一知其经,即变其权;一知其法,即功于化。
>
> ——石涛《画语录》

掌握规律的人必将掌握主导权。也许相比于美国、英国等的国际黄金市场,中国的黄金市场开放较晚,但是随着中国经济的发展和对市场规律的运用,我们开始主宰自己的命运,更是开创出了自己的道路。

在今天的中国黄金市场上,金条、金币、金首饰、纸黄金……只有你想不到的,没有你买不到的,并且借助互联网技术,黄金及其衍生品交易更便捷、更高效、更个性化——这是时代的进步,中国的进步!

作为个人投资者,我们需要洞察这样的变化,牢牢把握中国黄金市场的运行特点，利用家门口的便利，更好地使用自身的"财富权杖"。

黄金进出口政策解禁

改革开放以来，中国的经济发展备受世界瞩目，中国也已经从一个贫穷落后的国家发展为日益繁荣的中等收入国家。

受益于中国不断增长的国内贸易、改善的交通基础设施以及政府支持的直接投资的政策等因素，中国人口规模百万人以上的城市已经超过 100 个，经济的增长和城镇人口的增加带动了中国中产阶层的发展壮大，这个群体的财富和消费持续增加。与此同时，中国黄金市场也在不断发展。

20 世纪 80 年代，中国黄金首饰市场逐步放开，黄金首饰可以实行来料加工，在外销售。

1999 年，黄金的进出口政策高度封闭，一切由中国人民银行统一调配。

2003 年，中国黄金市场开放 1 年后，经中国人民银行等部门批准，中国银行、中国工商银行、中国建设银行、中国农业银行四大国有商业银行获得黄金进出口权，但其进出口权仍需由中国人民银行代理进行。

在 2003 年以前，中国只有中国人民银行具有黄金进口资格，即海外黄金进入中国市场，只能通过中国人民银行这一个渠道。所以这是一个半封闭、半市场化的渠道。其实在2015年以前，作为一种特殊的商品，黄金及其制品的加工贸易出口一直都是由政府有关管理部门和中国人民银行进行审批的。直到2015年，中国首个规范黄金及黄金制品进出口行为的法律性文件《黄金及黄金制品进出口管理办法》（以下简称黄金新规）正式实施，标志着中国黄金市场的大门面向全球正式打开，这是中国黄金市场的一个标志性事件。

中国黄金市场开放是大势所趋：一方面，黄金新规旨在进一步发展中国黄金市场，而不是放任自流，而数量审批、准许证制度有助于监管层对黄金的进出口数量有明确的概念，从而更好地与金融市场和宏观经济相协调；另一方面，中国作为全球最大的黄金消费国，正在黄金定价方面获得更大的话语权。

2014年中国推出黄金国际板，2016年正式推出人民币黄金定盘价，这些都需要更加开放透明的市场环境，才可能在国际投资者中产生影响。黄金新规推出后，黄金进口权从银行扩大至部分大型黄金企业，这样就扩大了中国黄金市场的参与者范围，参与者的多样性会影响黄金基准价的形成。

新政催生新业态、新兴产业模式，黄金产业的资源整合、并购、投融资步伐将加快，这也将进一步促进中国黄金业务及供给侧改革；产金企业积极与国际接轨；黄金交易所的产品不断丰富、制度不断完善、国际板建设加快；商业银行不断融入全球定价体系；大型黄金产业巨头转型，实现产业与金融的紧密融合……中国的黄金市场正在不断地成熟壮大。

中国黄金市场日益成熟的三个标志

1. 与国际黄金市场融合的步伐将逐步加快

人民币不再只盯着美元，而是将最终走向自由兑换，黄金进出口方面的流动将更加频繁，国内外市场的联动将更加紧密，加之人民币黄金定盘价的推出，将会极大地促进国内黄金市场与国际黄金市场的逐步接轨。

2. 黄金场外交易市场不断发展壮大

中国黄金市场由场内（上海黄金交易所）和场外两个部分组成。近几年来，中国黄金场外交易持续升温，甚至一度达到火爆的程度。比如，黄金现货场外交易市场与黄金企业相衔接，是带有零售性质的辅助市场，各大金商推出的品牌金条热销，部分商业银行也着手打造品牌金条。

从国际黄金市场的发展轨迹来看，中国黄金场外交易市场的发展是必然趋势。在国际黄金交易中，场外交易市场的交易量占整个黄金市场交易量的近90%。❶ 比如，伦敦黄金市场（全球最大的场外黄金交易市场）没有固定的交易场所，交易方式是通过五大金商及客户网络来实现的；苏黎世黄金市场也没有正式的组织结构，主要由瑞士的三大银行为客户代为买卖并负责清算。中国黄金市场未来的发展也会遵循这样的轨迹，大量的交易将会由场外交易市场完成，黄金的市场价格会由有实力的做市商引领。

3. 金商企业的品牌效应日益突出

中国黄金投资市场的发展相对来说还处于初期阶段，更多的市场影响来自国家政策的宏观调控以及黄金产品的价格波动。但是，中国正在逐步开放国内的黄金市场，不断发挥市场这只"看不见的手"的作用。在不断升温的黄金投资市场竞争中，金商的影响力会逐步增强，不管是传统黄金企业还是互联网企业，其品牌效应也将在产品走向同质化期间发挥更大的投资驱动作用。未来，中国的黄金投资市场必然形成多品牌竞争的格局。

---

❶ 数据参考自 https://baike.baidu.com/item/%E4%B8%AD%E5%9B%BD%E9%BB%84%E9%87%91%E5%B8%82%E5%9C%BA/2047451?fr=aladdin。

中国或将改变国际黄金市场格局

随着中国经济的发展，黄金市场的成熟壮大，中国黄金市场不仅会对黄金投资者产生作用，还会对任何与黄金经济、股票市场和美元市场有利益关系的其他投资者产生作用，并已萌生出以下三个趋势。

1. 中国正在参与金银价格制定

历史上，中国的黄金交易绝大多数是在国外的一些市场进行的，直到上海黄金交易所成立后，中国才正式设立了每日以人民币计价的黄金交易制度。

上海黄金交易所的诞生具有深远的意义，新的黄金交易基准能更好地反映当地黄金市场的流动，更重要的是，可以减少黄金交易对美元的依赖，大大增强了中国对金价的影响力，也提高了人民币在全球外汇中的地位。

同时，中国也参与银器的价格制定，这意味着中国将会对这个关键行业和货币金属产生直接影响。

2. 人民币加入国际货币基金组织特别提款权货币篮子

2016 年，人民币正式加入国际货币基金组织特别提款权货币篮子，这意味着人民币终于像美元、欧元、日元等一样得到了世界的认可，同时也意味着中国必须有足够的黄金作为筹码才能在世界舞台上站稳脚跟。

但是，从中国的黄金储备及其所占的外汇储备比例来看，中国的黄金储备还远远不够，这样的一个大缺口，会

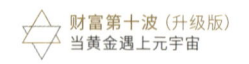

潜在地影响黄金的价格。

3. 中国的黄金产量正在下滑

2017年，中国的黄金产量出现下降，且降幅为40多年来之最。这意味着中国可能增加黄金进口以弥补供应的不足。

而黄金供应下降不是中国特有，澳大利亚的黄金产量也持续缩减，南非作为全球最重要的黄金开采基地，黄金产量也大幅减少。从大洲来看，南美洲和亚洲的黄金产量跌幅巨大，大洋洲的产量比重开始下降。

金矿是有限的，全球的实物黄金需求却在增长，未来，黄金的供应问题将会越来越难以解决。

4. "一带一路"倡议的战略性合作

"一带一路"倡议也为中国黄金工业的发展指明了前进的方向。

"一带一路"沿线国家的黄金储量总和约占全球黄金总储量的46%，黄金产量总和约为1160吨，约是全球黄金总产量的36%；这些国家的黄金消费量约占全球黄金消费总量的80%；在全球十大黄金交易市场中，"一带一路"沿线国家有6个。

可以说，"一带一路"是"黄金之路"，中国的黄金产业与"一带一路"沿线国家的资源、消费、投资等有机对接，在全球黄金行业中的地位必将得到进一步提升，对人民币国际化的硬支撑也必将更加有力。随着这几年的发展，具备先天优势的黄金产业在响应国家"一带一路"

倡议中，先行示范作用也很明显。例如，截至2017年6月，紫金矿业已在塔吉克斯坦等9个"一带一路"沿线国家布局，境外黄金、铜产品生产量即将超过境内；山东黄金、招金矿业等也积极响应"一带一路"倡议，多个项目已蓄势待发。

虽然当前的经济形势衰退、金融市场动荡、黄金价格大起大落，但是中国黄金市场的发展依然步入了快车道，不但吸引着大量的境内机构和个人，开放的国门也让国际性的大银行和大金商一同参与，从而与国际其他黄金市场逐步接轨，整个市场环境也将更加公正、透明。我们相信，未来中国黄金市场必然会逐步在国际黄金市场中占据主导地位。

02

黄金生产领域的供给侧改革

> 规矩备具，而能出于规矩之外；变化不测，而亦不背于规矩之外。
>
> ——［宋］吕本中

在中国黄金勘探市场有一支神秘的队伍——组建了40多年的中国武警黄金部队。这是世界上唯一的寻宝部队，神秘的面纱几乎从未被揭开过，截至2012年8月，已经累计探获黄金资源1800多吨，连续在山东、内蒙古等地发现多个特大型金矿。

但是在2016年，国家取消了开采黄金矿产的资质认定，这支神秘队伍的职能也经历了一次大调整：由为国寻金转向地质服务。而国家的这个决定对于黄金行业来讲是一件大事，意味着黄金开采门槛大幅降低，也可以理解为黄金生产领域的供给侧结构性改革。

对我们个人投资者来说，不管今后世事如何，我们要明白：变革从来不是一件冒进的事情，它既有制度的完善，也有不可预测的变化，但无论如何，都不会违背事物的发展规律。因此，正确的投资姿态便是牢牢立足于中国金融市场的本质特点，利用其改革浪潮，静待"红利"的到来。

中国经济新常态，黄金产业面临供给侧结构性改革

经过改革开放40多年的发展，中国已经成功步入中等收入国家行列，但是随着人口红利消失、中等收入陷阱风险积累、国际经济格局深刻调整等一系列内因与外因的作用，中国经济无论是需求侧还是供给侧都发生了重大变化，经济发展迎来新常态。

在这样的经济背景下，黄金产业的供给侧也正发生着变化，具体表现在以下两大方面。

一是黄金产业在供给方面正全方位地走弱。

在矿业方面，一些主要金矿产量减少，一些开采历史悠久的金矿受到矿石品位下降的影响，生产成本居高不下。另外，近几年受各大生产商缩减固定投资的影响，黄金矿产量减少的趋势还将持续下去。同时，黄金回收行业

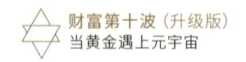

的发展虽然呈现增长态势，但是依旧面临生产弹性不足及库存减少的挑战。

二是黄金产业在需求侧存在较大的增长空间。

黄金的需求源自工业、首饰和投资等方面。虽然黄金消费呈现疲软态势，但是黄金的投资需求在增长。

随着收入的增加，人们更加注重财富的保值增值。由于2019—2021年资本市场波动及国际形势动荡，高净值人群的投资风格更加稳健，对资产保值求稳的偏好更加明显。加之新冠肺炎疫情、通胀、经济数据不尽如人意等诸多因素，避险情绪持续升温，金价仍有较大的上行空间。而且，中国的黄金资产配置率处于低位，严重低于国际水平，未来黄金在中国家庭资产配置中将占有越来越重要的地位。另外，金融科技的发展，数字黄金、黄金NFT等新产品的兴起，不论是在品种上还是在渠道上，都带来了极大的便利，让黄金投资得以在更多的人中普及，黄金的金融属性日益凸显，投资市场将会进一步扩大。

整体而言，中国黄金市场开始出现供需不平衡现象。与此同时，黄金市场的国际竞争也在不断加剧，行业新矛盾逐渐暴露出来，如非法交易平台的野蛮生长。

黄金产业不仅事关普通人的财富储藏和消费需求，黄金天然的货币属性更是关乎国家资产储备安全、人民币币值稳定和国际化进程，乃至综合国力的提升。因此，深入推进黄金产业的供给侧结构性改革，解决中国黄金产业存在的有效供给不足的问题，推进黄金产业转型升级，具有重大的意义。

那么，黄金产业的供给侧应如何改革？

四大增长动力看黄金产业供给侧结构性改革

1. 市场需求与供给将更加匹配

比如，2016年上海黄金交易所规则中增设了做市商制度下的报价交易，这是对国内黄金市场交易品类的很重要的补充。

合法平台做市商交易制度的设立，既能有效满足国内用户的交易需求，也将有效阻隔外盘入侵的机会；互联网平台积极推出符合消费需求的黄金投资新产品；黄金珠宝行业启动个性化、定制化服务，以便满足当下年轻消费群体的需求……

在中国经济结构转型和产业升级的客观要求下，中国黄金市场的参与者正在深挖、利用黄金独有的商品金融双重属性，在产品创新、消费升级、资源配置、金融深化等方面做足文章。

2. 由服务市场为核心向服务产业为核心转变

曾经，金融机构是围绕金融市场这一核心发展相关业务的，比如，前几年期货行业内多数机构的发展重点都在平台经济相关的业务上；但是，现在很多机构开始重视与企业的合作，更重视金融业务的脱虚向实。比如，一些金融创新业务更重视服务实体企业，许多金融机构在做基于黄金期货合约的场外期权，让更多金融衍生品在企业的风险管理综合解决方案中发挥重要作用，而不是为市场增加杠杆。

黄金产业的集中度、产量与利率比例和早期项目的融资问题，正在促进相关企业、金融机构发生变革。

3. 行业创新氛围更加浓厚，为市场发展创造新动能

为了迎合消费升级的需求，黄金产品及衍生品不断创新；黄金借贷市场兴起，正在有效解决黄金库存积压和企业用金之间的矛盾；国内黄金交易品类日益丰富，通过合法平台启动做市商等交易模式正在获得越来越多用户的青睐……中国黄金市场化进程整体是开放务实的。

4. 市场监管与市场发展将更加协调

国家正在加大对金融市场的监管力度，对地方交易所的整治力度正在加大，清理整顿金融市场的力度也在加大，其目的就是要把金融资源引导至实体经济。未来，市场监管与市场发展将更加协调。

中国黄金市场在经过几轮的发展、变革后，去杠杆和服务实体经济已经成为金融行业发展的主基调。在这样的趋势当中，黄金将会在中国经济发展过程中发挥越来越重要的作用。对个人投资者来说，黄金生息将会越来越容易。

四 | 中国调整新常态

03

数字经济时代黄金价值再发现

> 蒲草没有泥，岂能发长？芦荻没有水，岂能生发？
> ——《圣经·约伯记》

2021年1季度，黄金价格累计下跌10%，创下4年来最差季度表现；相反，2020年，黄金价格大涨25%，创10年来的最大年度涨幅。

有人认为，金价下跌的原因除了避险需求降低之外，还与楼市升温、美债收益率开始飙升以及比特币等加密货币的火热有关。

确实，自加密货币出现以来，特别是元宇宙概念带热数字资产后，一场资产之间的"吸引力"大比拼已经拉开序幕。

那么，在未来的元宇宙时代，黄金还会坚挺吗？

郁金香、加密货币和 NFT

在 17 世纪的荷兰，郁金香是上层阶级财富与荣耀的象征，但是郁金香的繁殖周期长，数量有限，而且市场需求大，一些投机商开始大量囤积郁金香球茎，推动价格上涨。

在舆论的鼓吹之下，1634 年荷兰出现了全民炒郁金香的浪潮，不管是贵族还是平民，购买郁金香的目的不再是欣赏，而是牟取暴利，人们对于郁金香的投机达到了疯狂的地步，以至于一株名为"永远的奥古斯都"的郁金香售价高达 6700 荷兰盾，这个价格在当时足以买下一栋豪宅。

但是很快，泡沫越吹越大，卖方开始抛售，价格瞬间暴跌，郁金香市场一夜之间崩溃，很多人倾家荡产。郁金香泡沫让荷兰经济一蹶不振，阿姆斯特丹也失去了欧洲金融中心的地位。

历史总是惊人地相似，数字货币刚刚兴起时，面对一夜暴富的诱惑，许多人抱着投机的心态一头扎进加密货币市场，结果引发了 ICO（首次数字代币公开发行）乱局，许多人被割了韭菜。为了遏制市场乱象，国家不得不把 ICO 定性为非法集资。人们才将视线转移到区块链技术本身的魅力上。

然而，2020 年以来，NFT 以难以想象的速度成为投资新宠,"破圈"幅度远超 DeFi。一幅画作、一张照片被制作为 NFT 后,价格被炒到百万元已经屡见不鲜。人们豪掷百万元购买 NFT 艺术品、NFT 明星/名人头像、虚拟土地 NFT……绝大部分人购买并非为了艺术收藏或趣味欣赏,而是作为一种数字资产投资甚至是一次人生暴富的投机,其热情丝毫不逊当年荷兰人对郁金香的投资热情。

荷兰之所以会产生郁金香泡沫,与当时荷兰暴发鼠疫有密切关系。当时,鼠疫导致阿姆斯特丹的许多人丧生,多数时间,人们都待在室内,这使郁金香成为狂热的投机活动的对象。而 NFT 的盛行也离不开新冠肺炎疫情的影响,在家隔离加之数字化生活,也很容易导致人们倾向于进行狂热的投机活动。

加密货币、NFT 不是郁金香,郁金香是可再生资源,理论上可以无限供应,价格高涨到一定程度后,随着时间的推移,到了某一时间节点,价格一定会回落到某个水平,就像藏獒、文玩核桃一样;加密货币、NFT 本身不仅仅是产品,更有着稀缺性和资产属性,对此我们必须正视这样一个现实:不管是区块链技术还是元宇宙构建,我们还处于早期发展阶段,当前强劲的需求足以平衡不断增长的供应。但是,许多 NFT 项目可能无法长期保持价值,存在着很大的泡沫。从避险的角度来看,黄金依旧是最佳的投资对象,并且在中国,黄金还具有金融属性,有着更好的收益预期。

中国黄金投资新趋势：金融化和数字化

金融属性来源于借贷业务。

想要让NFT成为真正的资产，需要建立一个市场，让人们可以通过NFT来获得贷款，也可以租赁NFT获得收益。但是，当前很多NFT只能在特定的游戏中或平台上使用，脱离了这些游戏或平台，所谓的NFT资产也只能闲置在钱包里。

对比NFT，黄金本身是具有很好流动性的资产，能够从金融方快速地流通到借金方，发挥链接投融资功能。只是过去黄金不被认为是生息资产，人们对黄金投资的获利主要依赖金价的波动，但是当实际利率上升或经济形势大好时，投资生息或分红资产的收益便会远好过投资黄金。同时在信用货币时代，黄金实际上已经失去了货币功能，黄金金融的主体通常是黄金产业链上的用金企业，存在一定的行业壁垒，因此很多机构或个人投资者并不能广泛参与。因此，黄金的金融属性在一定程度上是被抑制的。这种局面直到20世纪90年代才得以改变。

20世纪90年代，金融衍生工具蓬勃发展，使得产品的定价更为灵活，黄金借贷规模快速扩大，黄金借贷市场得到了进一步的拓展。发展到今天，外国黄金借贷市场已经非常发达了，市场上流通的黄金有相当一部分来源于借贷的黄金，其模式是：中央银行将黄金借给商业银行，再由商业银行借给用金企业用于生产或套保[1]销售。

中国的黄金租赁市场建立时间不长，但是发展十分迅速。在 2012 年上海黄金交易所推出黄金租赁业务之前，虽然一些银行也有黄金租赁业务，但是这些业务仅仅是银行自身的业务，还没有形成实质意义上的租赁市场。而 2012 年后，黄金租赁市场快速发展，目前已经达到了千吨级别，同时不同期限的黄金租赁市场也正在形成。

那么，黄金金融化对我们个人投资者来说意味着什么呢？意味着黄金生息！当个人把黄金借给银行或其他金融机构，它们再将黄金借给黄金产业链上的企业后，个人投资者便可以享有利息收益权了。

除了金融化，数字化也是一个不可忽视的趋势。依托数字金融技术、互联网用户的普及和线上交易习惯的养成，金融交易数字化发展迅猛。"数字技术＋黄金"不仅将黄金银行业务与互联网渠道相结合，建立起个人、机构和黄金产业链之间的互联网黄金平台，更会吸引不少巨头公司涉足，诞生新兴黄金投资业务。这样一来，黄金投资

---

[1] 套保：套期保值，指在现货市场和期货市场对同一种类的商品同时进行数量相等但方向相反的买卖活动，即在买进或卖出实货的同时，在期货市场上卖出或买进同等数量的期货，经过一段时间，当价格变动使现货买卖出现盈亏时，可由期货交易上的盈亏进行抵销或弥补，从而在"现"与"期"之间、近期与远期之间建立一种对冲机制，以使价格风险降到最低。

不仅便捷，而且多元化发展，即便是黄金投资"小白"也能够投资黄金了。随着元宇宙时代的到来、NFT等数字资产的兴起，未来，数字资产及数字交易市场必然会进一步发展和繁荣，也将进一步催熟金融数字技术，黄金交易将迎来新的变革。

盛世更需藏黄金

都说乱世藏黄金，但是盛世更需藏黄金，特别是在即将到来的多元化资产时代。

第二次世界大战结束后，布雷顿森林体系得以实施，法国总统戴高乐就坦言：美元超然于世，是因为美国拥有大多数的黄金。即使在尼克松废除了"金本位制"，试图削弱黄金的影响力后，黄金依然是"隐形"的帝王，在对冲债务风险、规避投资风险上发挥着重要作用。

如果将中国看作债权人，美国看作债务人，那么，中国持有的美元实际上就是美国政府的延迟兑付"凭条"。身为债务人，自然都想降低自己的债务成本，最有效的方法是零利率和印钞。但是，债权人不傻，当然不会同意零利率，因此，债务人想要降低成本就只能印钞，这个方法更直接，同时可以稀释自己的债务。债权人为了减轻自己的债务风险也有对冲的方法，就是购买黄金，因为纸币的贬值总是相对于黄金的，债务人印钞，必然导致纸币的贬值和金价的上涨。

当然，对于我们个人来说，黄金的玩法没有那么"高端"，但我们必须看到当前货币系统的不稳定性。

从世界历史来看，不管是罗马帝国的拜占庭钱币还是日不落帝国的英镑，都无法永久占据统治地位，唯有黄金不会因为任何政权法币的崩溃而失去价值。从未来的发展趋势来看，元宇宙即将构建的是一个可能会超脱于现有政治秩序的庞大帝国，财富、资产乃至生产消费都将打破现有的秩序，产生新的聚合效应，原有的金融秩序必然会受到挑战，会改变未来的金融格局。在这个过程中，会有人实现几何级的财富积累，也会有人锒铛入狱。而我们要做的就是抓住风口，避免危机。只有了解清楚，做好防御，才能在后面的变局中更好地抓住机遇，避免危机。而最好的防御便是用价值恒定的黄金为资产保值。

在和平盛世，黄金依旧是我们投资的好工具，特别是出现恶性通货膨胀、资产风险时，它的避险功能会更加突出，保证我们个人的财富不缩水。另外，面对正在到来的数字经济时代，我们需要洞察未来的发展趋势，重新理解金融和货币。

PART2
资产大变局

——元宇宙财富"元"革命——
洞见症结，明白数字金融的技术和趋势；
了如指掌，把握时代财富的脉搏和内涵。

THE TENTH
WAVE OF
WEALTH

PART 2

五

从"互联网+黄金"说起

互联网是 21 世纪人们无法回避的一个词，它对金融秩序的冲击也是极大的，带给黄金市场的是机遇与挑战并存。在进行互联网黄金交易时，要摸透互联网金融的运作模式，在享受便利的同时注重投资安全。

01

让"马"跑到圈外去

> 不抵挡我们的,就是帮助我们的。
>
> ——《圣经·马可福音》

2016年,对于黄金投资者来说,一个大福利就是——昆腾金属的平台能买黄金了!

其实,不仅昆腾金属,一些银行也推出了"微黄金"功能,客户只需要关注银行的公众号、网站、App等,就可以购买多款黄金或白银产品。

互联网时代,黄金投资这匹高贵的曾经只是圈禁在银行、交易所的"马"早已跑到了圈外,出入寻常百姓家,颠覆了传统的黄金理财模式,为我们带来了许多理财"福利"。

互联网金融颠覆黄金理财的传统模式

自古以来，尽管黄金的保值避险价值备受青睐，被誉为世界金融的"稳定器"和"安全阀"，但是"专业"投资渠道和产品类型的单一，促成了传统黄金投资理财"买金难、卖金难、存管难"的三大痛点。对于很多人来说，黄金投资只可远观，严重限制了黄金产业的发展。

但是今天，互联网科技与传统黄金产业高度融合，互联网黄金理财彻底颠覆了延续了数千年的传统黄金投资模式。

1. 开启黄金投资的变革和创新

互联网黄金理财运用互联网场景、流量的导入，以及标准化、透明化、便捷化的管理方式，给市场带来了标准化的运营模式，轻松将贵金属类黄金消费、理财、融资高度融合，转化为轻资产投资理财产品，其高效便捷、低成本、广覆盖、快传播的优势，正贯穿整个黄金产业链，发展潜力巨大。

2. 给当前股市当头一棒

在当前股市不明朗、房地产行业乱象丛生的背景下，互联网黄金理财的兴起给了投资者一个全新的投资风口，加上黄金投资能够有效地保证自身资金的安全，对投资者来说，多了一条保值、增值的投资理财渠道。因此很多人可能会放弃股市，进而将目光投向黄金投资，对股市可能

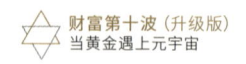

会造成一定的冲击。

3. 打破国际壁垒

互联网使得黄金市场的消息更加透明，传播更加快捷，而且有很多专业机构、专业人士进行消息共享，有助于我们对黄金市场做出更准确的判断。对中国而言，依托国内巨大的黄金生产和消费市场，以人民币定价的黄金市场依靠互联网科技将最大限度地突破国际汇率和地域限制的壁垒，实现中国黄金交易市场与全球黄金交易市场更深层次的接轨，从而让我们拥有更加有利的黄金投资环境。

总之，互联网极大地释放了黄金自身的保值、增值投资价值，也极大地提升了黄金的流通和变现效率，使其投资价值直线攀升，成为大众追捧的投资理财新热点。在这种大背景下，传统金融开始互联网化，各大跨界资本也竞相争夺，一些新兴金融业务随之诞生。

传统金融的互联网化

自从进入互联网时代后，信息不对称大幅减少，渠道价值大幅缩小，传统金融行业遭遇冲击。同时，由于移动互联网的崛起，移动客户端迎来了快速发展的浪潮，各大银行纷纷紧跟时代和客户需求，加快黄金互联网布局。

例如，在中国建设银行，个人黄金积存无须单独签约，办理业务前，客户只需开通建设银行证券交易账户和账户贵金属账户。证券交易账户和账户贵金属账户的开通可在网点柜面、网上银行办理，定期积存、赎回交易可通过网点柜面、网上银行、手机银行办理，兑换交易可通过网点柜面办理。

如今通过银行投资黄金，只需要携带自己的身份证和借记卡，在银行的任何一个网点均可签约、解约、申购交易，甚至可以足不出户通过网上银行、手机银行、微信银行等多渠道投资黄金，且随时随地操作即时申购、赎回和预约提金业务。

互联网新兴金融业务

互联网黄金理财正成为金融市场的一个新风口，腾讯、阿里巴巴、京东、高搜易等企业纷纷涉足，十分火爆，且其黄金理财产品各具特色，不同程度地吸引着用户，让用户拥有更多的选择。

目前，互联网黄金平台的参与者按照股东背景，大致可分为以下四类。

互联网系，如昆腾金属、阿里巴巴的存金宝、腾讯的微众金、京东的京生金。

传统黄金企业，如紫金矿业的紫金金行、山东招金的金当家。

企业跨界系，如刚泰金多宝、国美黄金。

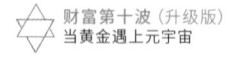

主流风投系，如黄金钱包。

不管怎么样，依托互联网技术，黄金投资这匹高贵的"马"不再是有钱人的特权，人人都可以通过不同的渠道掌握更好的"骑术"，追寻自己的财富梦想。

02

从草根晋升为行业新贵的技术背景

> 科学研究的进展及其日益扩充的领域将唤起我们的希望。
>
> ——瑞典化学家诺贝尔

一直以来,对于大多数低净值人群来说,投资理财是一件令人相当头疼的事情。

投资股票很容易打水漂,但又缺乏其他有效的投资产品和渠道;而稳健的理财产品又有门槛高、信息不对称等问题。

同时,传统的理财师除了为高净值客户提供定制化服务外,很难像机器一样提供动态的资产配置和与个性化需求完全匹配的产品,更不可能普惠大众。

但是今天,金融科技将这些难题一一攻破,也正是如

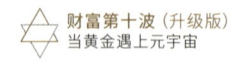

此，互联网黄金理财成了投资市场的新贵……

互联网金融的三大发展阶段

相对于欧美发达国家来说，中国互联网金融的发展历程短，但是随着互联网技术的更新，其发展大致也可以分为以下三个阶段。

第一阶段，1990—2005 年，互联网新的信息传播方式和手段诞生，不仅扩大了传统营销的范围，更深刻地影响了各行各业，动态网站得到广泛应用，"互联网+"已经成为一种流行趋势。这时，传统金融行业顺应时代特征，也投入互联网化大军。

第二阶段，2006—2011 年，第三方支付蓬勃发展，第三方支付的交易量比重不断提升，国有商业银行、其他传统商业银行开始重视移动支付市场。

第三阶段，2012 年以来，依托大数据、云计算等技术，互联网的金融业务取得了实质性发展，并呈现出多种多样的业务模式和运行机制，且相对于传统金融有成本低、效率高、覆盖广、发展快等特点。

比如，在互联网技术的支持下，昆腾金属的服务操作流程标准化、简易化，从客户申请黄金购买到黄金到账，只需几分钟时间便可完成，而且通过智能化的运营，用户不用时时盯着投资，握着手机轻轻松松便可实现收益。

可以说，大数据、云计算、移动互联等互联网技术的发展使得传统金融迸发出了全新的活力，使得黄金投资不再神秘，而是以更丰富、更亲民的形式融入我们的日常生活中。

互联网金融的下半场：技术是决定性武器

在信息时代，互联网所带来的信息量催生了云计算、大数据等存储、处理和利用数据的新技术，金融机构及其他企业的商业活动不再围绕着工业时代那些少量、核心的数据展开，而是面对着海量、高频、实时的以非结构化为主的数据，并且在"云＋端"的基本模式下，大数据依附于移动端的应用场景，带来了由技术革新所产生的投资理财市场服务的革新。

比如，在大数据的运用上，不仅仅是互联网金融，传统的金融机构也都开始尝试将积累的金融产品数据、用户交易数据、用户行为偏好数据等运用到产品的设计和推广中，推出了更灵活、智能、个性化的产品，并通过 App 等移动用户端的简便、智能化操作，让用户快速实现线上理财、黄金交易。可以说，互联网大数据在挖掘客户、优化服务、提高运营效率、创新产品等方面都起着举足轻重的作用。

虽然互联网金融理财的发展时间很短，但已经初步呈现出一些"红海"特性，除了几个比较有实力、有背景的平台外，一些新兴投资理财公司正如雨后春笋般不断冒出来。一个平台或公司想要在竞争中保持优势，拼的就是背后的技术，比如精准分析用户的流动性需求，建立资金流动性模型、自动匹配模型以及分析每一笔资产的流转和存续记录等，其后台世界是模型和算法的高速运转，这也是所有互联网金融理财产品的底层逻辑。换句话说，这就是一场机器计算力、智能化的竞赛，远远超出了传统理财服务的范畴，并且随着区块链、元宇宙的发展，新一轮技术竞赛已经开启，依托技术创新的产品和服务将更加重要。

其实，不管是怎样的技术比拼，对我们来说都是福音，都可以让我们的黄金投资变得更加高效、便捷、可追踪。

03

互联网黄金的盈利模式

> 从未有人因为赚钱而身败名裂。
>
> ——欧洲谚语

零手续费或超低手续费、高年化收益率,甚至不管金价走势,都要兑现年化收益率的承诺……

这些互联网黄金投资平台似乎正在干一件无利可图的事情。可真的是这样吗?

如果不是,这些互联网黄金投资平台靠什么盈利?

而我们在这些互联网黄金投资平台上投资黄金到底能获得哪些收益?

其实,不管是个人还是平台,任何以正当方式追求财富的行为,都是值得尊重和鼓励的。

互联网黄金撬动的是民间的 1 万吨黄金

经过了 2014 年的孕育萌芽，2015 年的起步扩张，2016 年的爆发，20 余家重量级"玩家"入场，互联网黄金投资平台在中国已经崛起，其背后是一个巨大的、长期存在的民间黄金存量市场。

中国黄金协会报告称，2014 年中国民间黄金储备约为 6000 吨，2015 年增至 7000 吨，至今约有 1 万吨。但是，这些黄金大多是以首饰形态在各家各户"压箱底"，成为闲置资产，因此，盘活中国民间存量黄金，开启其流动性，是潜力无穷的商业机遇，而其真正的诱惑在于黄金借贷。

黄金是很多企业的生产原料，这些企业一般愿意用 10%~15% 的年利率来借黄金，很多互联网黄金投资平台就是用远远低于 10% 的年利率来聚集民间存量黄金，转手借贷给需要黄金的企业，从中赚取利率差。任何一家企业，如果能够盘活 5% 的民间黄金存量市场，其所占据的市场份额都将超过 1000 亿元，这样的诱惑是何其"香艳"。于是互联网金融应运而生，其核心目标之一就是让这些"压箱底"的黄金动起来。

另外，盘活存量黄金也创造了一个增加黄金资产流动性的"二级市场"，有利于增强黄金资产的吸引力，促进实物黄金销售"一级市场"的发展。很多互联网黄金投资平台通过 O2O（线上到线下）模式将服务延伸到线下门店，有利于将黄金投融资、产品回收置换及终端零售业务结合起来，降低整个产业链的融资成本，支持行业健康、稳定地发展。比如，京东京生金可以在京东商城兑换同等重量的黄金首饰，带动了金饰市场的交易，也增加了京东商城自身的销售业绩。而京生金对京东来说，也是一个流量入口，人们被黄金吸引来，在京东平台落户安家，便成为京东的"粉丝"，互联网时代，拥有"粉丝"就是拥有财富。

个人角度，黄金由死物变成了生息资产

对于持有黄金的个人来说，最大的痛点有以下三个。

第一，黄金只能闲置在家里，而不能进行交易。

第二，黄金交给银行托管需要缴纳一定的费用，想省钱就只能放在家里，既不能生息，还有丢失的风险。

第三，大部分旧的金饰只能通过典当或在珠宝柜台交纳加工费换新等方式处理，这些都会使我们所持有的黄金资产遭受损失。

但是互联网黄金投资平台帮助我们管理黄金资产，通过更高的收益、更低的费用、更便捷的操作，帮助我们解决传统黄金市场存在的买、卖、提、存、回购、升息等一系列问题。而且随着移动互联网基础设施的日益完善，我们还可以以黄金作为支付方式，进行日常消费结算，实现黄金不同属性之间的自由切换。这些都为我们手中黄金的流通、消费、生息提供了极大的便利。

当然，不同的互联网黄金投资平台有不同的投资收益方式和计算方法。

比如，软银中国的黄金钱包收益率及计息方式为：每日的利息=当天凌晨1点的金价 × 存金数量 × 年化收益率/365[1]。京东黄金是京东金融联合民生银行开展的互联网黄金业务，提供实物金和黄金积存等产品，400元起购，买入无手续费，赎回按0.3%收取手续费，盈利方式有两种：一种是根据黄金持有克重，按0.35%的年化收益率获得利息收益；另一种是低买高卖赚取差价。

因此，你应当了解清楚每个平台的收益情况，选择对自身投资最为有利的平台。

中国从大众的消费需求、投资需求到生产力、产业组织等，都将向着更高形态演化，黄金投资市场将会出现线上线下融合的更高形态；同时，各金融机构的产品和服务分工更加精细化，整个黄金投资市场的结构也会更趋于合理。这对于每一个投资者来说都是一件好事，至少选项变多了。

但是，别忘了，选择增多的时候，往往也是风险增多的时候。

---

[1] 此处的计息方式是2016年的。

数字货币启示录

随着互联网的进一步发展，人类也迎来了新的数字资产——数字货币，于是有人预言：人类的财富模式将被改变。真是如此吗？要知道，相比这种新兴货币，黄金的"韧性"已经经历了无数次的考验，它无法被入侵、删除，也不可能感染病毒，因为它是实体的。

01

数字货币崛起，被改变的财富

> 非以其无私邪？故能成其私。
>
> ——《道德经·第七章》

货币发展至今已经有几千年的历史，货币的形式也经历了"实物货币—金属货币—信用货币"几个阶段。然而，随着比特币这种虚拟货币的出现，一种全新的货币形式——数字货币，出现在大家的视野中，它也成了这几年备受争议的话题之一。

"乐观者"认为，数字货币是对传统货币的颠覆，未来必然会推翻当今的货币体系；"悲观者"认为，诸如比特币一类的数字货币不过是一个"笑话"，最终会被扼杀。

不管何种论调，身为投资人，我们必须明白一点：没有什么比能够实实在在握在手里的"实物"更能给我们的资产带来保障，更能够让我们心安。

数字货币的三大特征

要了解数字货币这个概念，还得从比特币说起。

当然，数字货币是一个比较广泛的概念，不同的人对此有不同的理解和解读，这里所说的数字货币是指类似于比特币这样完全"自发性"形成的，只以数字形式存在的货币，也就是前文提到的加密货币。

2008年，一个自称中本聪的人在一个隐秘的密码学评论组内贴出了一篇研讨陈述，陈述了他对电子货币的新设想——比特币面世。

不同于纸币，比特币不是由某一个特定的货币机构发行的，它是依据一定算法通过大量的计算产生的。挖掘比特币需要下载专用的比特币运算工具，然后在各种合作网站上注册，将注册所用的用户名和密码填入计算程序，再点击运算就可以开始挖矿了。其使用和流通依赖的是区块链技术，完全去中心化，由整个P2P（个人对个人）网络中众多节点构成的分布式数据库来确定并记录所有的交易行为，并使用密码学的设计来确保货币流通各个环节的安全性。继比特币之后，各种数字货币也开始崛起，如莱特币、狗狗币、瑞波币XRP、Lisk、以太币等，并逐渐被大家接受。不同于支付宝、微信里的"货币数字"——电

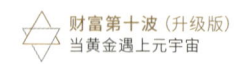

子货币，数字货币具有三个特性。

一是具有稀缺性。数字货币本身是有价值的，而其价值还会随着市场的变动在一定的范围内波动，比如比特币，其总量非常有限，该货币系统曾在 4 年内只有不超过 1050 万个，之后的总量将被永久限制在 2100 万个。

二是具有一定的流通性。如 2020 年，比特币的流通量约为 1800 万个，瑞波币 XRP 的流通量约为 437 亿个，流通量巨大。

三是具有去中心化、公开透明、防篡改等特性，能够达到保有安全的目的。

有人认为，比特币凭借着自身的种种优势真正意义上用技术手段而不是法律手段实现了"私有财产"神圣不可侵犯。这种技术手段赢得了人们的信任，比特币因此野蛮生长。比特币市值一度超过 100 亿美元，每日交易量超过 10 亿美元，堪比一家爆发性上涨的上市公司。于是不少人认为，当今的货币体系将被颠覆，人类的财富方式将被更改。但真的会这样吗？未必！

数字货币难以取代法币

在 2018 年的达沃斯论坛上，世界金融和银行业巨头的高层再次分享了他们对数字货币和区块链技术的态度，大多认可区块链技术的潜力，但比特币遭受了商界领袖的合力"痛击"。

为什么比特币会遭遇如此的打击呢？数字货币本身具有什么缺点？

1. 总量是恒定的，但社会生产力是不断发展的

不管是比特币还是其他的数字货币，其总量是恒定的，但是我们的社会生产力不断发展，当数字货币的供应满足不了不断增加的社会现实需求时，必然造成通货紧缩。此时，拥有数字货币的人会继续持有，而数字货币在市场上的购买量会逐渐增加，这就会导致市场上流通的货币越来越少、越来越贵，最后不得不放弃数字货币。

反过来看国家发行的法币。法币一般是国家根据统计部门的有关统计以及对未来社会生产力的估算，并结合当前的国际局势和国家战略发行的。这样就在很大程度上保证了市场上的货币供给量，同时保证币值相对稳定或者只是轻度的通货膨胀。只要政府的信用还在，人们就愿意使用这样的货币在市场上交易，从而促进社会的生产和发展。这是数字货币完全做不到的。

2. 数字货币的计算方式对社会生产没有价值

数字货币的发行和生产采用的是特定的计算方式，但是这种计算方式对社会生产来说几乎没有价值。数字货币的获得基于复杂的计算方式，复杂的计算方式需要大量的时间资源，同时这种计算方式只掌握在少数人手中，这让早期持有数字货币的人，可以天然地对后期进入的人进行

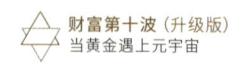

收割。任何货币的发行过程关键在于是否和社会资源相对应，显然，数字货币的获得所依赖的计算方式难以与社会资源相对应。

3. 其他缺点

虽然数字货币拥有去中心化等优点，但是缺点也一目了然：交易平台非常脆弱，网站容易遭受黑客攻击；而且数字货币价格波动极大，很多炒家会进行投机行为，导致其价格频繁剧烈地波动；同时，很多普通大众难以理解和操作其复杂的计算方式。

当然，比特币作为一种试验性的数字货币，可能会长期存在，它自身的属性特点也决定了没有任何一个国家和组织有能力消灭它。但我们要明白，比特币暂时不可能取代法币，也不可能拥有完整的货币属性。作为投资，也许值得尝试，但是风险依然比黄金投资大得多，它更为重要的意义在于给当今货币体系带来的颠覆和创新。

数字资产正在兴起

虽然数字货币很难取代法币，但是我们要看到其背后正在兴起的另一种资产形式——数字资产。

什么是数字资产？

广义上来看，数字资产是指个人、企业拥有或控制的以电子数据形式存在的资产形式，在日常活动中用来交换或行权对应的实物资产；而狭义上，则专指数字货币。

如今，区块链、人工智能、大数据成了金融科技的三大支柱，特别是区块链，或许会是10年后的"互联网"。同时，各国都非常注重数字化。比如，中国在党的十九大期间就明确提出加快建设数字中国，要"加快完善数字基础设施，推进数据资源整合和开放共享，保障数据安全"[1]。

可以预见，随着数字货币对货币体系的颠覆和创新以及数字化进程的加快，数字资产将会是未来非常重要的资产形式。而作为金融市场和人们资产中的"重头戏"——黄金，必然也会顺应这一趋势，在市场运作上数字化。这一趋势在给黄金交易带来极大便利的同时，也会让黄金成为广义数字资产的一员。

当然作为投资者，奋战于金融市场，更看重的可能是狭义的数字资产也就是数字货币的投资价值，但我们始终应该明白一点：黄金与狭义的数字资产终究有着本质的区别，黄金背后对应的始终是沉甸甸的实物，这份"实在"可以让我们很好地保证资产的安全。

---

[1] 习近平在第十九届中央政治局第二次集体学习时的讲话。

02

破解现行货币体系的难题

> 最轻微的运动可以影响整个自然，一块岩石可以使大海发生变化。
>
> ——法国哲学家帕斯卡尔

有人说，我们不能只盯着数字货币，更要看到数字货币背后的技术区块链的价值。

如果将区块链技术看作一个人，"他"可能是贡献的典范。"他"公正无私，一视同仁，也正是"他"的这种无私，让"他"发挥了更大的作用，更加凸显了"他"的重要性。

区块链去中心化、去信任化，变革着交易规则。数字货币是基于区块链加密技术而创建的货币，数字货币的投资热潮、交易方式正在改写当今的交易市场格局和交易技术。各国央行也纷纷基于区块链技术发行自己的"数字货币"。

每一个细小的变化都可能改变金融投资市场的走向，我们从来不敢掉以轻心。今天，数字货币也许正在"革金融市场的命"。

区块链真正的价值是发现真相、体现诚信

什么是区块链技术？

我们可以简单地理解为：一套通过数字方式、算法"链接"起来的"区块"（如资产、货币及其交易），可以保证信息公开透明可信、不被篡改，同时又保证隐私。

可以说，区块链出现的初衷就是为了实现陌生人（匿名情况下）基于真实可信的数据进行交易。

那么，区块链技术是如何做到这一点的呢？

一是采用分布式核算和存储，不存在中心化的硬件或管理机构，也就是实现了去中心化。

二是区块链数据除了交易各方的私有信息被加密外，其他的数据对所有人公开，任何人都可以通过公开的接口查询相关数据和开发相关应用，整个系统的透明度高。

三是区块链采用基于协商一致的规范和协议，比如一套公开透明的算法，使得整个系统能够在一个被信任的环境中自由安全地运行，任何人的干预都不起作用。

四是一旦信息被验证并添加到区块链上，便会被永久

地存储起来，想要改变数据"代价"高昂，往往需要控制系统中超过51%的节点，否则单个节点的数据库修改是无效的，因此数据的稳定性和可靠性极高。

五是由于节点之间遵循的是固定的算法，因此数据的交互是无须信任的（区块链中的程序会自行判断信息是否有效），因此交易人无须通过公开身份的方式让对方产生信任，这能够在保证隐私的情况下进行交易。

可以说，区块链所建立的信任是从"细胞"开始的，且不可篡改，大大提升了金融交易的私密性和安全性。而数字货币的发行和交易的技术基础正是区块链，基于区块链的技术特点，加之自身的流通、交易属性演化出来的新的货币特性和交易方式，正在冲击着当今的货币体系。

数字货币带来的冲击

数字货币因其无国界、去中心化、匿名的特性受到了很多人的追捧。但是，无论其具有怎样的魔力，都不足以替代现在的法币，不过其运作方式对现代货币体系的建设具有非常重要的启示意义。

第一，数字货币的基础是一套运算加密的计算机算法，融合了分布式时间戳、公共密钥和工作系统证明，这对改革当前的电子商务交易方式有着极其重要的参考意义，是金融行业未来的风向标。

第二，数字货币去中心化，对未来金融的影响在于金融资产可以在全球低成本地转移，靠全球的P2P信用体系自治，从而舍去了巨大的可信第三方成本，也就是说，银行在金融系统中的地位将被削弱，这是国家所不愿意看到的。各国银行必然会采用各种新的工具和技术，加强自身对金融系统的控制权，因此必然顺应这样的趋势，建立自己的"数字货币"，也就是实现货币数字化。

第三，数字货币技术正在不断创新升级，支付确认时间更快，支付方式更便捷，通过手机客户端就能完成交易，这促使无纸币成为世界未来发展的必然趋势。

也正是由于数字货币的这三个重要的启示，加之全球以金融科技为主的创新模式正在飞速发展，各国央行纷纷跨入了数字货币时代。

国家队出场，央行推出"数字货币"

简单来理解，央行的"数字货币"和一般意义上的数字货币不一样，它更准确的叫法应该是数字货币电子支付（DCEP），以区块链技术或分布式账本技术为基础，也可以以现有的电子技术为基础，本质上是追求零售支付系统的方便性、快捷性、低成本，同时考虑安全性和隐私保护。

与比特币这种严格意义上的数字货币不同，央行的"数字货币"一定是中心化的，在形式上，最有可能的就是央行联合国有银行和股份制商业银行一起，建立一个"数字联盟"，推出所谓的"数字货币"，其管理也将和传统货币整合，在央行的框架下一体化运行。同时，央行发行的"数字货币"能够保证国家对货币发行主权的控制。

另外，二者在着力点和实现手段上不同。严格意义上的数字货币的价格经常波动，主要是因为其着力点大多在虚拟资产交易方面，技术上也更为偏重矿源开发、挖矿算法，没有专注于数字货币在零售支付方面的应用；而央行的"数字货币"的本质是各国的法币，技术针对的是零售支付系统，服务的是实体经济，在整个发展过程中，非常注重有序研发和测试，系统的稳定性更有保证。

央行"数字货币"的发展可以给现行货币系统带来三大突破。

一是将货币进行数字编程，能够被指定用途和路径，因此借贷去向变得可以控制。

二是货币数字化可以搭载智能合约，为支付和清算体系的升级提供了可能性。

三是货币数字化具备可溯源的特性，使得所有人的信用档案和交易都可验证，这有助于征信体系的建设。

总的来说，与严格意义上的数字货币相比，央行"数字货币"的优越性在于可以充分做到交易流通，并可监管、可溯源，且用户获得简便、无门槛。

各国央行纷纷探索货币数字化的道路，并取得了相应的成绩。以中国为例，中国人民银行在2014年就成立了法定数字货币研究机构——中国人民银行数字货币研究所，"数字货币"的发行将由中国人民银行主导，在保持纸币发行的同时，流通中的现金由一部分"数字货币"替代。发行者可以以安全芯片为载体来保护密钥和算法运算过程中的安全。总体框架还是在央行和商业银行二元体系下完成：中国人民银行负责数字货币的发行与验证检测，商业银行负责申请"数字货币"，直接面向社会搭建应用生态体系。而在加密货币席卷全球的2021年，中国也迎来了央行"数字货币"探索的第8个年头。截至2021年12月，数字人民币试点场景已经超过808.51万个，累计开立个人钱包2.61亿个，交易金额达875.65亿元。由央行发行法定"数字货币"保证了金融政策的连贯性和货币政策的完整性。

虽然这些所谓的"数字货币"本质上不是我们上一节所说的数字货币，只不过是货币的数字化，但我们必须看到，它是数字货币带给现行货币体系的一种创新运作方式，正极大地影响着我们的投资行为。

不管货币发行和流通形式如何改变，货币的本质并没有改变，也就是说，我们所拥有的财富的本质是没有变化的，依旧是现行的货币。那么相应地，让资产保值、增值的手段也就不会出现本质的变化，黄金投资对我们来说依然是非常重要的。且数字货币的崛起也从侧面印证了黄金的不可替代性。

03

数字货币和黄金的爱恨情仇

> 不存在的事物可以想象,也可以虚构,但只有真实的东西才能够被发明。
>
> ——英国作家罗斯金

　　黄金和比特币看似无关,其实它们共处于金融这条锁链中,息息相关,甚至已经开始擦出种种火花。

　　比特币早在诞生之初就经常被拿来和黄金比较。有人甚至表示,比特币只用了10年多一点的时间,就走完了黄金走了500年的路。确实,单从价格上来看是这样的。2017年,1枚比特币的价格首次超过了1盎司黄金的价格,3年后,1枚比特币的价格最高时已顶得上30盎司黄金的价格。

　　元宇宙的到来让数字货币异常火爆,很多投资者将其与黄金相提并论，认为数字货币会是未来元宇宙中的黄金，是上佳的避险品。然而，真的如此吗？数字货币与黄金，究竟谁更胜一筹？

以比特币为代表的数字货币和黄金很像

之所以很多人会将黄金和比特币做对比，是因为二者都具备避险属性，也就是可以保值、增值，其相似性主要体现在以下两点。

1. 稀缺性

法币是靠政府信用担保的信用货币，政府的信用包含意愿、能力和行为三要素，需要一定的国家军事保证。但是，黄金作为货币不需要任何国家的军事保证，因为它具有法币所没有的稀缺性。同样，比特币通过挖矿产生，流通数量是有上限的，和黄金一样具备稀缺性，其本身拥有价值，这也是比特币能够保值、增值的根本原因所在。如果数字货币本身没缺陷，多年后交易量、流动性、商品属性达到标准，相信会有央行将其纳入储备，"趋利避害"。

2. 不可干涉性

黄金的价格虽然会受美元指数等因素的影响，但不是随便一个国家或个人就能够操纵的，其价格根本上还是市场说了算；同样，数字货币也是如此，没有一个国家或个人能够操纵比特币的价格，其价格是由市场决定的。

正是这样的共性使基于区块链的数字货币,经常被认为能够像黄金一样成为全球的避险资产。同时,数字货币还有一些黄金所没有的特点,如低手续费、快速转移能力、去中心化性质等。

避险属性的共同性也导致了比特币和黄金的"竞争"关系,当比特币价格持续走强时,必然会让一些投资者抽调黄金转投比特币,这是利空黄金的。所以很多人认为 2016 年、2017 年黄金价格的波动和比特币有着密切的关系。更有不少人认为,随着比特币的普及,波动率不断降低,黄金的地位已经开始受到威胁,数字货币将会取代黄金。但是从本质上来看,数字货币要真正在中长期影响黄金价格甚至改变金融市场格局,还有长远的路要走。

黄金依旧是黄金,黄金投资永远不会过时

为什么说数字货币难以取代黄金成为保值工具?理由如下。

1. 数字货币更接近法币

自"金本位制"结束后,货币与黄金脱钩,从那之后,美元的货币供应量持续增加,与之对应的是美元购买力的持续下降。而以美元计价的金价虽然有所波动,但总体上是上涨的。因为不论金融市场如何发展,黄金

自始至终都有实物商品做背书。然而，数字货币背后没有任何的支撑，也没有实物商品做背书。虽然数字货币的总量有限，但限度是人为的，这和黄金的有限供应不同。因此，购买了数字货币，不过是购买了另一种全球性的法币而已。

2. 数字货币的流通性比不上黄金

黄金是现存商品中最具流通性的，在任何地方人们都愿意用货币交换黄金。数字货币则不然。虽然越来越多的市场开始接受数字货币，但离被主流真正接受还有很长的距离。

3. 安全性是数字货币的死穴

完全仰仗互联网技术的数字货币的安全性是非常重要的，但是每隔一段时间，总会出现黑客偷盗数字货币的新闻。与之相比，我们却极少听到黄金被从金库中偷走。

4. 数字货币的泡沫大

不少华尔街资深投资者认为，眼下数字货币的疯涨和20世纪90年代的互联网泡沫相似。当然，那一轮泡沫破裂后留下了真正有价值的互联网企业；但是，目前在数字货币的泡沫中，没有人知道到底哪种数字货币会是幸存者。

5. 数字货币没有黄金那样悠久的保值历史

黄金被当作保值工具已经有数千年的历史，久经考验，市场了解黄金和货币、债券、股市等之间的关系，也知道在经济衰退的时候黄金会有怎样的表现。而数字货币发展至今只有 10 多年的历史，市场并不知道面对各种情况时数字货币会有怎样的表现，因此具有更多的不确定性和更大的风险。

6. 监管会成为数字货币最难迈过的门槛

经过历史的检验，金融监管已经成为黄金交易市场的一部分；但数字货币如何进行反洗钱等监管，仍然是一个难题。缺乏监管限制了大部分机构投资者的进入。

7. 投机行为推动数字货币的价格波动

比特币从诞生到 2016 年，8 年时间价格涨幅达 100 万倍，但 2017 年年底到 2018 年年初，价格开始暴跌，较历史峰值下跌近 80%，之后几年也一直在波动。2022 年年初，比特币市值较 2021 年峰值损失超过 6000 亿美元；整个数字货币市场的总市值在 2021 年 11 月达到 2.93 万亿美元的历史高点，随后便开始持续下降，到 2022 年 1 月已跌破 2 万亿美元。正是这样剧烈的价格波动，让比特币作为支付工具的应用模式越来越少，也决定了它不适合作为资产保存。

当今对大部分买入数字货币的人来说，目的只有一个：以更高的价格卖出。这和买入黄金寻求保值是不同的。有不少资深投资者认为，数字货币为投资者提供了一个热门的投机品种，而不是一个安全的避风港。

总之，每当市场的避险情绪升温时，很多精明的投资便会选择价值稳定的黄金作为避险资产，而不会冒险选择比特币这样的"过山车"式产品。黄金的地位是比特币等数字货币无法撼动的。

七

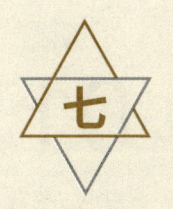

元宇宙"数字革命"

元宇宙时代,大部分事物的发展离不开元宇宙,黄金市场亦会如此。也许,在不久的将来会出现"黄金+NFT"模式,让黄金交易形成创新的商业模式。但是不管如何数字化,不管加密货币、NFT如何火爆,货币、财富一定是虚实结合的,也一定离不开传统的财富认知和财富形式。

01

NFT"淘金热"

> 所谓"创新",是指建立一种新的生产函数,即把一种从来没有过的关于生产要素和生产条件的"新组合"引入生产体系。
>
> ——美籍奥地利政治经济学家熊彼特

2017年,世界上诞生了第一个真正意义上的NFT项目——加密朋克(CryptoPunks)。它通过改造以太坊合约发行代币,开创性地将图像作为加密资产带入加密货币领域。同年,加密朋克的创始人正式提出NFT概念,由此数字资产不再只是指代加密货币,而是同质化的加密货币和以非同质化的NFT为代表的加密资产的组合。

2021年伊始,国外艺术家掀起了一股NFT热潮,受新冠肺炎疫情影响足不出户的人们在互联网上寻觅到了另一种艺术创作与收藏的方式——数字艺术藏品。很快，NFT 热潮、NFT 拍卖、NFT 盲盒、各大品牌推出的 NFT 系列作品等有关资讯不断出现在我们的视野当中，NFT 已经成为当下商业领域炙手可热的概念。

什么是 NFT？

在解读这个概念前，我们得先了解另一个概念 Token。

Token 是先于区块链出现的一个概念，是服务端生成的字符串，最早被翻译成"令牌"，作为客户端进行请求的一个标识。之后随着虚拟货币的兴起，因其与虚拟货币有着许多相似之处，它会被矿工按照一定的规则挖出，然后转入其账户中，于是它被翻译成"代币"。但是 Token 不仅仅是一种代币，它可以代表其他有价值的东西，因此它又被翻译成"通证"——数字权益凭证，具有权益、加密、流通三大属性。

Token 的出现，使将现实/虚拟资产、物品映射到区块链上有了可行性，Token 代表着所有权，并可以在区块链网络中自由流通。

不过，不管是代币还是权益，就像普通商品一样，Token 有同质化和非同质化之别：

FT（Fungible Token），即同质化代币，互相可以替代、可分割的 Token。比如比特币，不同的比特币之间没有区别，可以用来交换，也可以被分割成零点几这样的非整数使用，就如我们现实中的纸币一样，彼此之间没有区别。

NFT（Non-Fungible Token），即非同质化代币，是独一无二、不可分割的 Token，它不能被另一种代币直接取代，不能以一换一，因为就像世界上没有两片完全相同的树叶一样，没有两个 NFT 资产是完全相同的。比如加密猫，每一只加密猫都被植入了类似于基因密码的东西，因此每一只都有独特的"猫性"。

也就说是，NFT 和 FT 之间最大的区别就在于是不是"独一无二"的和能否"分割"。NFT 可以通过区块链技术将艺术品、声音、图像、文字、游戏道具等任何有价值的物品、内容通证化，生成一个无法篡改的独特编码，将物品、内容转化为数字化的抽象物。不过，NFT 本身并不是交易对象，通过 NFT 技术转变为数字资产的商品才是交易对象，相应的价值也是由数字商品来实现的。简单来说，NFT 将有价值的物品、内容转化为独一无二的、可验证的资产、商品，使其能够通过区块链轻松地进行交易。

NFT 崛起的原因

2021 年，加密艺术家 Beeple 将 5000 张日常画作拼接在一起创作了《每一天：最初的5000天》，这个作品的NFT起拍价仅为100美元，但是1个小时内价格攀升至100万美元，15天后以6934万美元（约合4.5亿元）的天价卖出。从此NFT开始"光速"出圈。从艺术作品起步，NFT的边界不断拓宽。

从2018年到2020年，NFT市场发生了巨大的变化（见表7-1）：

表7-1　2018—2020年NFT市场的变化

年份	2018年	2019年	2020年
NFT的市场估值（美元）	40 961 223	141 556 148	338 035 012
活跃地址数（个）	110 551	112 731	222 179
买家数（个）	51 861	44 644	74 529
卖家数（个）	27 877	25 264	31 504
NFT资产分类	收藏品、艺术品、虚拟世界、游戏、体育、工具		

自2018年到2020年，NFT的市场规模增长了约725%，活跃地址数增长了约101%，买家数增长了约44%，卖家数增长了约13%。

NFT为何会如此疯狂？有以下四大原因。

1. 加密市场的繁荣带来了NFT市场的高涨

资本是市场最好的风向标。自2021年以来，全球数字经济加速发展，加密数字资产交易市场火爆，加之元宇宙虚拟土地、内容创作等NFT的出圈，NFT新业态迅猛发展，NFT行业超过60个项目获得的融资金额超过10亿美元，取得了前所未有的发展。

据不完全统计，国外苏富比拍卖行、NBA、福克斯、《纽约时报》，国内腾讯、阿里巴巴等都已经涉足NFT领域，纽约证券交易所（简称纽交所）也为Coupang、DoorDash等上市公司股票的首次交易发行了NFT，作为公司加入纽交所的新的、有趣的纪念方式。

2. 名人效应，艺术家、创作者及收藏家等的青睐

区块链技术赋予了NFT价值保证，使其价值具有唯一性和不可替代性，明确了数字作品的产权保护，备受艺术家、创作者、收藏家的欢迎。

自从人类进入互联网时代后，艺术家、创作者的作品早已数字化，然而数字作品不同于实物作品，毫无差异地复制会造成作品产权的缺失。NFT数字作品由于区块链去中心化记账的特点，每一次交易都会被记录在案，不可篡改、可追溯，即便能进行复制，复制品也不可替代原作，使得数字作品有价值并有很好的价值保护措施。购买NFT的买家可以借助区块链成为NFT的唯一所有者，因此NFT最先在艺术领域爆发，未来也许会被越来越多的创作者使用。

3. 财富效应刺激大家争先入场

天价拍卖、名人效应、已有的高回报案例、层出不穷的暴富神话，让越来越多的人眼红，人们对NFT的价格

充满了幻想，发行和转卖数字资产使得 NFT 市场成为一个火热的市场，不断吸引投资者入场，也让这个新概念平添了许多功利和投机气息。

4. 元宇宙的虚实连接

NFT 包含记录在 Token 中的识别信息，这些信息使每个 NFT 都与众不同，并且每个 NFT 在链上都有信息记录，其从创建到交易都可以验证，证明真伪，防止欺诈，这进一步强化了 NFT 独一无二且完整可塑的特性。这些特性和技术保证，使得 NFT 更加适合在元宇宙中对标现实世界的资产。NFT 或许会成为未来元宇宙中最主要的资产形式。为了更好地应对未来，很多人愿意持有相应的 NFT。

随着人类数字经济的发展、元宇宙时代的到来，人类对数字资产的所有权和产权的需求会不断上升，或许 NFT 将会给资产带来革命性的影响。但是，一方面我们需要看到未来的资产革命方向，另一方面我们也应该认识到当今数字资产繁荣背后的泡沫成分。

02

数字资产的繁荣与乱象

> 祸兮，福之所倚；福兮，祸之所伏。
>
> ——《道德经·第五十八章》

2021年，冒险家、投机者、掮客……出身不同，性情各异，但嗅觉一样灵敏，热热闹闹地涌入NFT市场，就像干柴遇到烈火般（干柴是无处安放的资金，烈火是NFT带来的暴富美梦）。

然而，人们似乎忘记了历史惨痛的教训。

曾经，加密货币惊人的财富效应也制造了一场投资狂欢，但是很快，2018年，千币齐跌的那天，热情高涨的呼声消失了，上千万人卷入其中，万亿级资金在短短几个月内暴跌暴涨，无数人的命运剧烈地起起伏伏。

越是疯狂越须警惕，越是繁荣越有风险。

风口中的泡沫

很有意思，有媒体透露，竞拍到《每一天：最初的5000天》作品的买家不是收藏家，而是一位资深的币圈玩家——NFT基金、Metapurse公司的创始人MetaKovan。他打着"让艺术品收藏更民主"的口号，发行了1000万枚代币。中标后，这些代币的价格从0.36美元一路飙升到了近28美元。通过关联交易，MetaKovan在这场竞拍中不仅赚到了噱头，扣除拍卖费用后，还大赚了一笔。

有人对此持有怀疑的态度，认为此次的拍卖不过是一次规模巨大、异常有效的宣发营销。这4.5亿元和艺术家无关，没有Beeple也会有其他艺术家，而用画作记录每一天这种事情其他艺术家早就做过了，在观念上没有任何创新。

确实，面对动不动就百万元、千万元的NFT价格，投机是NFT热潮中的乱象。过度的炒作和金融化、非理性的追捧及短期的市场运营目标，让NFT发展呈现出与曾经的"炒币"类似的场景。

曾经，人人网、迅雷、柯达、四方精创……都把区块链视为市值管理的救命稻草，好像只要加上区块链概念，股价便会扶摇直上；现今，Roblox、中青宝、天下秀、恒信东方……不管实力如何、业务如何，好像只要加上元宇宙概念，就能喜迎股价上涨。

曾经，ICO、代币滥发、大量私募，圈内稍有影响力的人物受某个币种所在团队的请托，只需拉个微信群，就能"对韭当割"，赚到数千万元的差价；现今，NFT对敲交易（左手倒右手进行交易）、"噱头抬价"，找个名人"代言"，便会热度爆棚，大受追捧。

数字资产 vs 传统资产

相比传统资产的金融玩法，当今数字资产的金融玩法有两大撒手锏：

第一，更加便捷、灵活；

第二，噱头足便可收益高。

传统金融风险大多来自金融机构对借贷人的信用信息掌握不足，而对存款人来说，由于有国家和政府信用做背书，基本不需要担心资金的安全。也就是说，有国家和政府作为后盾，传统金融投资基本不会出现资金安全问题。

但是，在数字金融时代，尽管技术的发展可以实现以更低的成本、更高的效率了解用户信息，风险大大降低了；但是对身为用户的我们来说，由于技术的复杂性、模式的多元化、主体的分散化，我们很难清晰明了地了解数字金融本身的运作模式、资金流向、平台信用状况等信息，风险有可能增加。

另外，加密货币、NFT等数字资产是新业态、新模式，无论是它的基础、技术，还是整体的发展环境，都还没有成熟，正在成长阶段。而现行的数字资产投资市场中，各大投资平台良莠不齐，都是"各凭本事"地野蛮生长，为了抢占市场份额，存在盲目扩张、产品同质化、欺诈等问题。

因此，想要安全有效地通过数字金融进行投资理财，我们必须从政策、监管、技术、交易、认知五个方面来系统了解其背后的风险。

数字资产的五类风险

1. 政策法律风险

目前，NFT和加密货币多是通过区块链挖矿或创作而成的数字资产，由于缺乏官方明确的指引和监管规则，自媒体的宣传报道存在严重的夸大和误导问题，有可能出现将价值不大的数字作品、产品上链包装，结合投资、股权众筹等形成新技术骗局的现象。而全球尚未出台NFT法律规范，各国对待加密货币的态度也不尽相同。不受政策法律约束的数字货币市场将成为法律的重灾区，极易发生庞氏骗局、洗钱犯罪、违禁品交易等犯罪活动。

另外，NFT兴起的时间短，并且和加密货币一样并没有价值衡量标准，很容易形成新的洗钱温床。犯罪分子会利用区块链账户和钱包的匿名性，通过高溢价的拍卖交易所将赃款洗白。

2. 监管风险

数字资产领域客观存在跨界混业经营，而目前中国金融业实行的是分业监管，这样在数字资产领域不免出现监管真空现象，而这种混业经营模式进一步加大了监管风险。风险准备金、坏账率、信息披露、风险评级和出资人权益保护等内容都未被纳入监管范围，加上元宇宙数字金融的实时性、互动性和无边界性打破了交易的时空限制，超出了一国监管机构的监管范围，可能导致监管风险加速交叉、聚集。

3. 技术风险

不管是互联网金融还是元宇宙金融，其发展得益于计算机和网络技术的普及与突破，后者同时带来了技术漏洞、网络安全和信息泄露等问题，比如网络仿冒、病毒威胁、系统中断或其他不可预见的事件，导致机构无法提供安全的产品或服务。

4. 交易风险

从客观因素来看，由于数字金融的发展时间较短，历史数据缺乏，并且信息披露不到位、不规范，可靠程度不高，给基于交易信息的产品设计、定价以及风险控制带来了困难。从主观因素来看，一些企业、组织为了追逐市场份额和利润，存在利用政策和监管盲区创造并占有不合规收益的情况，比如借助股权众筹平台变相集资，非银行支付机构挪用、占用客户备付金，跨界从事不同类型的金融业务等。

5. 认知风险

有人说 NFT 比 DeFi 更加疯狂。DeFi 覆盖的多为高风险投资者，而 NFT 则能覆盖社区或者元宇宙的所有成员。

NFT 让数字资产投资门槛进一步降低，传统金融覆盖不到的大量人群被纳入金融服务的范围。但是这部分人一方面无法有效甄别层出不穷的数字产品和服务质量，另一方面风险识别能力和风险承受能力相对欠缺，更容易出现非理性操作，提高了风险的发生概率。

因此，当投资过热、监管缺失时，不妨"让子弹飞一会儿"。我们选择数字资产时，收益固然重要，但安全更重要。同时，我们不要忽视传统资产的力量，特别是黄金的保值、增值作用，从而实现黄金和数字资产的优势互补，对冲未来风险，加固资产堡垒。

03

NFT和黄金的优势互补

> 在宇宙中一切事物都是互相关联的,宇宙本身不过是一条原因和结果的无穷的锁链。
>
> ——法国哲学家霍尔巴赫

有人说:"在NFT市场中的一天就是在非NFT世界的一年。"这要怎么理解?

2021年,NFT是疯狂的,各种天价NFT曝光,一夜暴富的梦想似乎近在咫尺,很多人纷纷带资进场,就怕自己错过机会。有人专门用一个词"FOMO"(fear of missing out)——错失恐惧症来形容人们的恐惧心理。

你因为FOMO买入却马上会因为持有而恐惧。自持有的那一刻起,你每一秒钟都在盯着价格,每一分钟都在担惊受怕,因为NFT不是黄金,一旦市场泡沫破裂,你的财富将大幅缩水……

如何消除 FOMO 呢？可以对比黄金了解 NFT 的价值特性。

NFT vs 黄金，NFT 的价值特性

数字货币兴起时，人们热衷于把比特币和黄金放在一起对比，比特币被称作"数字黄金"。今天 NFT 兴起，人们又喜欢将 NFT 和黄金对比，NFT 也被称为"数字黄金"。为什么大家喜欢把新兴的资产和黄金做对比？因为黄金值钱，它是稀缺的代名词。

不管你在加密货币方面的经验如何，你都会认同稀缺资产和资源具有价值的观点。今天，NFT 和加密货币、黄金一样，具有稀缺价值，且有着相同的操作特性：

稀缺性——黄金是不可再生资源，储量有限；加密货币，区块链挖矿而生，总量有限；而 NFT 具有独特的识别码和元数据（数字资产的特征），即具有唯一性。

操作特性——对很多人来说，黄金、加密货币、NFT 都是非必需品，改变其总价值的方式是通过增强物品的稀缺性、增加附加值等来间接加强其原本具备的身份和权利认证。

但是 NFT 毕竟不是黄金，并不会因为稀缺就一定具有价值，除了稀缺价值，NFT，特别是 NFT 藏品的价值

还体现在基础价值、共识价值方面。

基础价值就是NFT藏品所具备的收藏价值和观赏价值，能给收藏者带来心理上的满足，主要体现在它的艺术特色、创作者知名度和水平上。当然，对于实用类的NFT，比如使用权凭证、财产凭证等来说，观赏价值就不那么重要了，但是实用价值会凸显，也就是在特殊场景中具有独特的功能，如数字身份象征、会员特权、可用作资产借贷等。

共识价值就是社区成员的普遍认可和拥护，其发展通常伴随着社区的建立到认知的沉淀，最后到共识的达成（这一点上，黄金的价值是有目共睹的，早已达成全人类的共识）。

所以在判断NFT是否值得持有时，需要考虑稀缺价值、基础价值和共识价值。同时，我们也需要认识到当前NFT的价值困境。

NFT 的价值困境

1. 泡沫风险

当前NFT的避险属性只是个别明星投资人或发行人的乐观说法，不具有稳固的根基，随着NFT价格的疯狂上涨，其风险将会日益凸显。而黄金投资的市场成熟，价格波动较小，早已去泡沫化。

2. 碎片化风险和唯一性的质疑

持有 NFT 的人通常会将 NFT 分割成多份，分配给不同的人，如将 NFT 分割成 1000 个代币募资，特别是当 NFT 带有投票权和收益权时。可是，谁能做什么，什么时候能做，以及如何管理这些权利还不是很清楚。

另外，虽然 NFT 是"唯一的"，但并不意味着 NFT 对应的内容也是唯一的。比如 NBA Top Shot，它是一个用于交易"数字篮球卡"的 NFT 平台。每个"数字篮球卡"对应一位篮球明星的比赛"高光时刻"。截至 2021 年 3 月，NBA Top Shot 平台已经处理了超过 2.5 亿美元的 NFT 交易。可问题是，几乎所有这些 NFT 都不止一个，而是作为有限系列的一部分发行，就像艺术家发行一系列版画一样。当同质的 NFT 满天飞时，还有多少价值可言？在这波 NFT 热潮当中，最终真正的赢家很可能不是 NFT 领域的投资人，而是为投机交易提供服务的公司和技术服务方。

3. 跨区块链问题

当前，元宇宙已经不只建立在以太坊上了，它还建立在不同的区块链上，而这些区块链仍然没有达到 100% 的可互操作性，这意味着价值无法互通在短期内是不可避免的，将会极大地影响 NFT 的基础价值和共识价值。

当然，相比传统的黄金交易和互联网黄金交易，NFT 交易有着无可替代的技术优势，如果能将其与黄金实现优

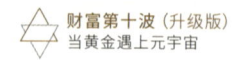

势互补，将会诞生真正的爆款。

"黄金+NFT"的一些构想

不同于现实世界，基于互联网、区块链技术发展的元宇宙，在信息传播方式上有着明确且高效的改变。而NFT不仅作为元宇宙的经济价值载体，也是区块链技术的一大发展板块，有着以下技术优势。

可追溯性。NFT使用区块链技术制造、生产，每一个NFT都可以追溯其形成时期、地址、交易过程等所有的历史记录。这些不可篡改的细节可以明确NFT的所有权，而这对黄金交易者来说是极大的权益保障。

流通性。在所有权明确的基础上，NFT借助区块链交易市场可以具有自由交易的特性，也可以根据市场的火热程度来决定其流通价值，越稀缺且热度越高，流通性就越强，这一点天然契合黄金。

标准化。在区块链技术的引导下，用户构建了一系列通用的、可继承的NFT标准，不仅包含所有权、转让权、基础访问，也包括重要的智能合约，能极大地促进黄金等贵金属交易的规范化，塑造良好的交易氛围。

而当"黄金+NFT"将NFT锚定黄金，在数字货币底层技术的基础上实行"金本位制"，以黄金的价值来支撑NFT的价值时，便赋予了NFT价值以稳定性，极大地降低了泡沫风险。

同时，黄金是硬通货，是真正的资产，不管是传统市场，还是元宇宙新兴数字交易市场，早已达成交易共识，不用市场教育，根本无须担心跨区块链的问题，因为不管在哪个交易平台上，黄金都会受到欢迎。

比如，BULLIONIX 平台，允许用户利用 DGX（黄金稳定币，一种背后有黄金做价值支撑的代币）做抵押生成 NFT 代币，这种代币就曾被用作 Decentraland 游戏中的比赛奖品。

我们可以大胆想象一个全新的黄金 NFT：顺应当前 NFT 藏品的发展趋势，把黄金饰品或黄金藏品连同其本身的黄金编号、证书等信息一起上传到区块链上，从而生成一组哈希字符串，然后将其与一个 NFT 唯一对应起来，对应关系写入区块链平台形成新的黄金 NFT。我们可以通过钱包应用，自由地持有、转让、拍卖这样的黄金 NFT，交易更加便捷。因其所有信息都被记录在区块链上，永久保存且不可篡改，我们不用担心物品的真伪。而其交易本质是把安放在金库中的黄金饰品或藏品通证化，转让或拍卖的就是特定的黄金饰品或藏品，其交易有实体黄金支持。

如今，即使在元宇宙时代，黄金依然显现出它的保值属性。与众多毫无背书的加密货币、NFT 交易相比，有黄金背书的交易更安全。

八

金融科技的"宇宙共享"

元宇宙是未来的发展趋势,它已引发一轮金融科技变革。对我们个人而言,这是让我们的财富源源不断的最好契机。毕竟,财富只有流动起来,才会变得真正有意义。

01

元宇宙经济系统的共享模式

> 理想的社会状态不是财富均分,而是每个人按其贡献的大小,从社会的总财富中提取它应得的报酬。
>
> ——美国作家亨利·乔治

在原始社会,同部族的人总是一起共享捕获的猎物,而爱心、知识、生产资料的共享也一直伴随着人类社会的发展。

今天,这种共享精神重新被挖掘,互联网成了最富有共享精神的地方。在其刺激下,共享单车、共享空间等如雨后春笋般涌现,并产生了一种经济现象——共享经济,其本质并不是"平均",而是资源的有效分配,这符合人的天性,也符合社会发展的规律。

八 | 金融科技的"宇宙共享"

随着这股共享风潮，共享金融的概念也开始深入人心。什么是共享金融？它和元宇宙会碰撞出怎样的火花？它会给我们的黄金投资带来怎样的投资风口？给我们的财富积累带来怎样的新模式？

共享经济 3.0

战略管理咨询公司罗兰贝格在 2016 年年底发布的共享经济报告中指出，至 2018 年，全球共享经济市场规模有望达到 5200 亿美元。其中，中国已经形成 625 亿美元的共享经济市场，并保持 54% 的高速增长。

2020 年，尽管在新冠肺炎疫情冲击下，共享经济整体市场规模增速大幅放缓，但是以共享经济为代表的新业态新模式依旧表现出巨大的韧性和发展潜力，我国市场交易规模约为 33773 亿元，同比增长约 2.9%。从市场结构上看，生活服务、生产能力、知识技能三个领域的共享经济市场规模位居前三，分别为 16175 亿元、10848 亿元和 4010 亿元。[1]

国家信息中心 2022 年 2 月发布的《中国共享经济发展报告（2022）》显示，全年共享经济市场交易规模约为

---

[1] 数据参考自《中国共享经济发展报告（2021）》，https://www.ndrc.gov.cn/xxgk/jd/wsdwhfz/202102/P020210222307942136007.pdf。

36881亿元，同比增长约9.2%。

那么，什么是共享经济？

共享经济本身不是一个行业，它是一种利用互联网技术激活海量闲置资源，实现资源重新分配的商业模式。移动互联网的普及、大规模城市化是其得以发展的驱动力。到目前为止，共享经济已经由1.0走到了3.0。

共享经济1.0，由移动互联网驱动产生的商业模式，比如小猪民宿，让租房从线下走到线上。

共享经济2.0，由"浅层物联网技术＋移动支付"驱动产生的共享商业模式，比如共享单车。

共享经济3.0，由智能制造、大数据、物联网驱动产生的共享商业模式。从制造业方面看，在共享经济1.0及2.0时代，制造业企业很难实现共享，但是在3.0时代，具备专业技术、资质、较强服务能力的制造业企业可以依托共享平台为客户提供诸如研发设计、非标准定制等临时性的私人定制服务；从分工方面看，共享经济3.0碎片化分工的可行性会大幅度提高；从生产方面看，在众多新技术成熟的情况下，生产企业不必再耗资建厂来扩大生产规模，而是可以将众多的核心业务通过外包、合作、联盟等方式完成，从而降低成本，提高自身竞争力。

凯文·凯利在《必然》一书中这样说：将从未被共享过的东西进行共享或者以一种新的方式来共享，是事物增值最可靠的方式，未来 30 年最大的财富会出现在这一领域。

"共享"这一概念也被广泛使用，涌现出了大量的创业公司，出现了 C2C、B2C、C2B2C [1] 等模式，更是在出行、空间、金融、美食、医疗健康、公共资源、物品、任务/服务、知识/教育这九大领域取得了非凡的成就。

应运而生的共享金融

共享金融是以共享经济为基础的金融创新，是在互联网、区块链和大数据等新兴技术的驱动下，构建以资源共享、要素共享、利益共享为特征的金融模式，其目的是让金融资源得到更有效的配置。

共享金融理念的提出和发展有其必然性。

一方面，强调遵循共享经济的发展道路，更好地应对宏观经济层面的矛盾与挑战。

比如，在新常态发展格局中，更好地实现金融资源的有效供给和分配；在人民币国际化和金融国际化趋势中，给跨境的资金融通、优化及财富管理等带来全新的天地；

---

[1] C2C 是个人与个人之间的电子商务模式；B2C 是商对客电子商务模式；C2B2C 是顾客通过企业电子商务平台，实现顾客与企业之间、顾客与顾客之间的信息交流的电子商务模式。

在城镇化带来的人口聚集、人口老龄化引起的剩余金融资源的积累、金融市场化的不断推进中，拓展金融活动边界，重构金融交易机制。

另一方面，不断解决金融发展中出现的一些不可持续的问题及一些自我膨胀的矛盾。

比如，金融技术的提升使金融交易变得复杂，多数情况下不过是少数"精英"的游戏，共享金融则让金融走下"神坛"，回归"草根"，让一般人也能参与、受益。近年来主流金融体系发展迅速，但依旧存在金融脱媒、小微企业融资难等问题，共享金融注重的是金融自身的可持续、均衡、多方共赢式发展；共享金融可以让金融的发展与创新从"供给决定需求"进化为"需求导向"，让更多的人真正地共享到现代金融发展的成果。

MetaFi 的终极是共享金融

前文我们提到互联网金融，它是互联网信息技术和数据技术冲击下金融模式的改变，是共享金融的前期"试水"；而共享金融是更为深层的金融模式与功能的变革，将在元宇宙中得到更快的发展、更多的应用。

元宇宙是一个共享数字空间，是纯粹的数字产品生产、消费的全链条，也是一个完整、自洽的经济体系。MetaFi 通过非同质化和同质化代币的混合，产生复杂的金融互动协议产品或服务，结合通证经济及新颖的社区治理形式，如去中心化自组织 DAO，将催动共享金融的进一步发展。

第一，一切金融化。

有了 MetaFi 技术，一切事物的价值及流动都可以通过数字资产来捕捉，也就是说利用区块链技术，可以让一段任意的被加密的"数据"成为数字资产，给"数据"打上一个独一无二的"身份"标签，从而使数据成为资产。

这对每一个人来说都是资产边界的拓展，资产不再局限于存款、证券、房子、车子等，也可以是自己的创作、创意、所有权……而且这些资产在元宇宙中具备有偿流通的可能性，并允许在开放的自由市场中形成长尾价值，让一切参与者受益、收益。

第二，让共享更简单。

元宇宙利用区块链技术优势和创新思维，并结合 AI（人工智能）、大数据、多方计算等技术，改变了传统金融的信息采集来源、风险定价模型、投资决策过程、分配激励机制，构建了新一代分布式移动金融应用场景。

具体来说，在元宇宙中，通过 Token、NFT，创作者和社区能够更容易地设置与用户进行创造性交换的经济条款，粉丝和社区也可以直接分享喜爱的产品和文化项目，从而获得经济方面的奖励，比如 Token、NFT 奖励，这些奖励可以在数字交易市场中用于借贷、租赁等金融活动。

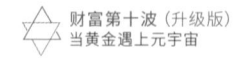

不论将来技术如何变革，金融的最终意义都在于摆脱自我服务的局限，在产品、渠道、机制、利益分配等基础之上，构建真正有利于大众的"好金融"。

所以，将来即便 MetaFi 这一词消逝在历史长河中，共享金融的生命力也会伴随着金融理性、道德、自律地成长、延续下去。也许可以预见，未来在元宇宙时代，共享金融将发展成丰富的生态圈，细分出巨量的业务，金融会附着在各种商业活动中，随时解决金融问题，发挥金融功能。

在共享金融的发展趋势中，互联网黄金投资、黄金租赁、数字黄金、元宇宙黄金 NFT……共享黄金将会兴起，作为投资人，我们不但不能忽视这一趋势，更要从这一趋势中寻找新的投资创富渠道。

02

共享黄金背后的发展逻辑

> 志不强者智不达,言不信者行不果。
>
> ——《墨子》

我们如果想通过某一平台投资黄金,首先考虑的是什么?是这个平台可不可信,最后会不会带着我们的黄金跑路。

我们如果是运营互联网黄金投资平台的人,我们首先考虑的是什么?是黄金所有者及购买人是否相信我们的平台,是否愿意在我们的平台上进行交易。

投资从来不是盲目、冲动的行为,毕竟谁都不会拿自己的财富开玩笑。在投资市场中,任何一种新产品或新模式,要想生存与发展,需要赢得他人的信任以及具备长久发展的动力。

所以,对于共享黄金来说,信任是前提,背后的发展逻辑是打通信任渠道，打造长久发展的"心智"。

共享经济是解决信任问题的模式

世界银行经济学家 Steve Knack（史蒂夫·克纳克）曾在一份研究报告中指出：诚信度高的国家，投资活动比较活跃，经济增长相对快速和持久。

为什么这么说？

想要交易的双方，并不一定对对方知根知底，这时就会借助权威中间人，比如银行、政府、交易所、律师等进行协调、担保。如果当地的司法制度、经济制度和交易模式相对规范、透明、开放，则会方便人们了解、查证，帮助人们降低交易的风险，人们就会更加愿意也更容易交易与投资，从而拉动经济增长；反之，有限的资源就会被浪费在协调、询证等事宜上，人们交易、投资的意愿就会降低，不利于经济发展。

不仅如此，会计、法律服务、房地产和电子商务等行业都是基于在买家和卖家之间建立信任这一基础而构建其商业模式的。

在历史悠久的行业中，信任被写入了法律，给出了准入门槛和对新加入者的防范。而共享经济的本质是陌生人之间无缝、直接、有效地分享信息和资源，从而创造有利于双方的价值。要达到这个目的，先决条件就是互信。可

八 | 金融科技的"宇宙共享"

双方是陌生人，互信从何而来？答案是从共享平台或机构中来。

比如，我们使用共享平台打车，并不是说我们完全相信司机的驾驶经验、职业操守，司机也并不完全相信我们的个人名誉和信誉，而是我们和司机都相信共享平台做好了应该做的事，能够让我们的交易正常、有效地进行，同时保证信息的真实和平台的稳定，进而保证服务的质量。也就是，我们相信共享平台这个"中间人"，而不是交易方本人。若平台出现了问题，信任没有了，共享也就不可能实现了。

未来共享黄金的发展也是如此，其共享是建立在我们对共享平台或机构信任的基础上的，平台和机构对我们个人而言不过是为我们提供一个更加友好、有保障的交易渠道。共享平台为了保证自身的诚信力，必然也会要求每一个平台使用者自身有诚信品质，也就是通过自征信系统实现黄金资源共享。

建立自征信系统下的黄金共享

什么是自征信系统？

以支付宝为例。当用户使用花呗、借呗、网商贷等功能时，支付宝会在告知用户的情况下根据用户的履约情况，生成用户的"自我信用等级"。只要用户的"自我信用等级"合格，就可以享受支付宝提供的金融服务，而且十分便捷、高效。

其实，网上的任何共享都是基于这一逻辑的。而这也是互联网发展的"源头"。互联网让更多的陌生人相互之间做交易。陌生人之间的交易，首先要打破的便是信任壁垒，所以，几乎每一个平台都有一套能够保证用户利益的自征信系统。

未来想要实现黄金共享，解决信任问题是其先决条件，其整体高效的操作也应当在完备的征信体系中进行。

但是由于黄金十分贵重，加上中国黄金行业发展的时间不长，产业链环节分散，金融机构都难以建立全面、可靠的针对黄金产业参与者的征信评级体系，对于共享平台来说，更是难以操作。好在区块链技术出现了，其凭借分布式数据存储、点对点传输、不可篡改等特性，不仅可以很好地解决互联网的信任问题，还可以充当更好地打开共享经济互信渠道的钥匙。而在元宇宙中，区块链定义了金融场景——P2P交易，并且可以通过智能合约实现任何P2P数据之间的变换，确保这种变换是不可逆、不可被篡改的，这就实现了元宇宙社会去信任化，这本身就是一套能够保护所有用户利益的自征信系统。

新的金融服务场景和方式，加上相对完善的自征信系统，也许很快，在元宇宙中就会出现新兴的共享黄金体系。

03
共享黄金体系的构建设想

> 我不应把我的作品全归功于自己的智慧,还应归功于我以外向我供给素材的成千成万的事情和人物。
> ——德国文学家歌德

纵观人类发展历史,共享经济发展最成功的是货币共享。货币持有人将货币通过钱庄(银行)这样的机构"共享"出来,从而维持人类社会和经济的有序运行、发展。只要货币本身没有问题,这个系统就可以一直运行下去,创造价值。

黄金天然就是货币,它也具备这样的优质"共享"特性,加之今天技术的突破,更是为共享黄金提供了沃土。不管是黄金产业还是黄金投资,在不久的将来都可能掀开全新的篇章……

我们能做的便是怀揣一颗感恩之心,加入这股共享潮流,这样我们就有可能运用自己的财富创造更多的幸福和快乐。

黄金更容易发展共享模式

共享的意义主要有两个方面:一是激活无效产能,比如共享某种技术或潜能,并将其与市场供给相匹配,发挥作用;二是激活过剩或闲置产能,使其在不改变所有权的情况下流动、活跃起来,提升整个社会的生产效率。

在闲置产能中,货币、房子、车子都是拥有很大市场价值的闲置产能,但是我们往往忽视了一个规模足够大,且闲置率非常高,市场价值和潜力并不亚于货币、房子、车子的存在——黄金。

黄金的物理特性决定了它一旦被生产出来就很难被消耗掉,不易消失。黄金市场超过 90% 的黄金最终会变成我们佩戴的首饰、储藏的金条、工业用金,以存量的方式安静地度过余生。如果黄金行业能够充分地发展共享经济,存量中的大部分黄金会发挥流动性价值,创造更大的社会、经济效益。

除了闲置率高、市场规模大的特征,黄金还有两大特征:一是和房子、车子相比,黄金不仅具有流通成本低、用途广的特点,还有首饰制造、工业生产和投资需求;二是标准化程度非常高,价格透明。正是这几大特征,使黄金更容易发展共享模式。

那么，如何真正实现黄金共享呢？基于互联网生态建立完善的共享黄金体系。

来自共享金融的启示

共享经济是结合资源配置、收入分配、市场主体等要素的创新变革，体现的是协作共赢，因此当我们想到"共享"二字时，脑中最先浮现的是新的商业模式，是经济发展方式的重构。而其最为重要的工具就是互联网生态。

正如马化腾所言：互联网生态以互联网为平台、为基础，利用互联网信息技术、数据技术与各行各业跨界融合，推动各行各业优化、增长、创新、新生，在此过程中，新产品、新业务与新模式会层出不穷，彼此交融，最终呈现出一个"连接一切"（万物互联）的新生态。

目前我们所看到的共享金融正是根植于这样的互联网生态中，它的体系架构包含三方面的内容：新的基础设施——"云网端"（云计算＋移动互联网＋智能终端），新的生产要素——数据资源，新的分工体系——大规模的社会化协同。这三方面的内容都要求金融具有开放性：一方面，开放金融服务让"云网端"的存在具有实际的意义，能加速提升社会化协同水平，同时，数据、信息资源的规模、种类、深度与广度都取决于金融开放的程度；另一方

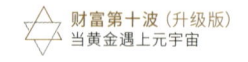

面，"云网端"为开放金融服务提供了基础设施，也为大数据提供了便捷、广泛的信息来源。

基于这样的前提，多家互联网投资平台和倚重互联网业务的金融机构纷纷打造开放的平台，通过开放接口，并依托引流数据精准营销，挖掘需求盲点，紧抓需求痛点，实现数据共享、服务共享。只是各开放平台所侧重的业务种类、服务对象及其综合化水平等有所不同。

自2014年开始，互联网技术已逐步渗透和改变整个金融行业，黄金作为金融属性较强的一类商品，也开始受到互联网的冲击。共享金融的建设对共享黄金来说有着很大的借鉴作用，未来，共享黄金体系建设也应当从此入手：基于数据资源和数据技术，建立开放的共享平台，实现黄金交易双方的协同作用和共赢。具体来说，需要做到以下四点。

1. 充分挖掘黄金的资源价值

依托黄金的充裕性（闲置率高）、稀缺性和标准化（价格透明），将操作流程标准化，以便能够快速复制业务模式，快速扩张。

2. 激发平台的网络效应

建设共享平台，可以将连接供应与需求的商机放大，让供应和需求在平台上不断循环，释放出惊人的能量。

一个成功的共享平台需要具备两个功能：一是激发正向的同边网络效应，也就是当人们看到身边越来越多的人通过这个平台获取效益时，也会加入；二是激发正向的异边网络效应，也就是随着用户越来越多，会吸引更多的第三方应用入驻。

3. 持续性吸引用户，让用户达到一定规模

共享平台建立之后，需要持续地吸引用户，促进用户规模增长，只有当用户达到一定规模的时候，才能凸显平台的影响力。

4. 用区块链技术构建信任感

有关调查显示，尽管有超过80%的被调查者认为共享经济让生活变得更美好，但也有69%的被调查者认为共享经济可能存在信任问题。因此如何构建共享黄金体系的信任感，是平台要解决的可行性基础问题。最好的方法就是充分利用区块链技术及其逻辑来运营整个共享平台。

共享黄金不是一个"虚"的概念，它将会是实实在在的规模性产业存在形式，是互联网信息技术发展到一定阶段，我们的财富积累到一定程度，经济结构从投资转入消费后必然会出现的一种产业现象。黄金行业未来也将形成越来越广阔的市场空间，这对于我们每一个人来说是难得的创富和回馈社会的机遇。

另外，元宇宙是一个开放的平台，任何机构、平台都可以应用对接，黄金市场也是如此。如今的黄金市场，特别是互联网黄金市场，它们的本质是企业，因此存在发展不平衡问题，且随着黄金投资产品的日益丰富，竞

争也将更加激烈。它们在撬动民间黄金资源的同时，需要"笼络"大批的投资者。黄金企业可以借力元宇宙经济系统"资源整合、互利共赢"，创新黄金业态认知，整合社会黄金资源和投资者、消费者资源，建立投资者、消费者参与其中的盈利分配机制及溯源体系，甚至成为黄金NFT，形成彼此间互惠互利的互生形态，实现生生不息、永续发展。

其实，不管是西方的黄金市场还是东方的黄金市场，不管是传统的黄金市场还是元宇宙中的黄金市场，想要保持自身良性的发展态势，都需要互利共赢的生态机制。

PART3
投资"新生态"

——元宇宙时代"元"投资——
生财有道,风云变幻掌握投资要领;
细水长流,波澜不惊锚定生息资产。

THE TENTH
WAVE OF
WEALTH

九

从不"打烊"的市场

财富在不同的人之间流动,用于交易,才会具有驱动力。而黄金历经几千年,不仅交易从未断绝,时至今日更是形成了相当成熟的黄金市场,且在各个成功的黄金市场中,为黄金交易提供服务的机构和场所各不相同,并随着政治、经济格局的变化,它们的地位也产生了相应的变化。

01

各路英雄的"角逐战"

> 知彼知己，百战不殆；不知彼而知己，一胜一负；不知彼，不知己，每战必殆。
>
> ——《孙子兵法·谋攻篇》

如果在网上搜索"黄金交易"的相关信息，总是会出现一些这样的信息："上海黄金交易开户""××安全信誉平台，交易不设限制""××贵金属，专业正规无滑点""××贵金属，24小时双向交易，2小时出金"……名目繁多，让人看得云里雾里。

黄金投资市场中充斥着各种各样的人，他们与你我一样存在于这个体系中，作用于这个体系。揭开他们的面纱，也必定会让我们对所处的投资环境及市场运作方式有一个更加清晰的认知。

角逐地——黄金市场

由于黄金自身的特殊性，与证券、外汇等其他金融市场相比，黄金市场有以下两个特点。

1. 黄金市场没有庄家

大家都知道，股票市场是区域性的投资市场，而黄金市场是全球性的投资市场，现实中还没有哪一个财团或国家具有操控金价的实力。当然，有时会出现一些机构在某个黄金市场开市之前的做市❶行为，但是在全球其他黄金市场开市交易后，这些通过不正当手段被有意拉高的价格终究会回落，从而与全球金价同步。它是一个非常透明的有效市场，可以为黄金投资者提供较大的保障。

2. 黄金市场不受时间限制

由于黄金市场属于全球性的投资市场，全球的交易市场是一体的，且由于时差的关系，基本上周一到周五任意时间都可以交易，使得投资者可以随时获利平仓，也可以在适合的价位随时建仓。比如，伦敦每天上午10∶30（北京时间17∶30）的早盘定价揭开北美金市的序幕；纽约、芝加哥等先后开叫，当伦敦下午定价后，纽约等仍在交易，此后香港也加入进来；伦敦的尾市会影响纽约的早市价格，纽约的尾市会影响香港的开盘价，而香港的尾市和纽约的

---

❶ 做市：人为制造股市交易量膨胀，以吸引更多投资者购买。

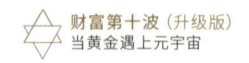

收盘价又会影响伦敦的开市价,如此循环。

另外,黄金市场作为一个全球性公开市场,不像股市有涨跌停板的限制,投资者始终都有获利的机会。

虽然没有庄家,但是当今黄金市场上,正活跃着五路人马,它们角逐拼杀,形成了"五军格局"。

黄金市场的"五军格局"

黄金市场其实并不"太平",已经具备"五军之战"的基础。

从黄金供应来源看,主要有金矿开采、各国出售、国际性金融机构抛售、集团或个人出售几种形式;从黄金的需求看,主要有官方储备用途、工业用途、投资和投机等用途。在这样的供需关系中,金商、银行、对冲基金[1],分属不同阵营,一直在磨刀霍霍。很快,随着黄金市场的发展和完善,黄金期货交易经纪公司、机构法人和私人投资者不断壮大——"五军格局"形成,它们各行其道,各尽所能,一同维持、推进着市场的有效运行。

1. 国际性金商

国际性金商又可以称为做市商,最有代表性的就是伦

---

[1] 对冲基金:指采用对冲交易手段的基金,也称为避险基金或套利基金。

敦黄金市场上的五大金行。由于这些金行和世界上的各大金矿生产者及很多金商都有广泛的联系，而且下属的各个公司又与许多商店及黄金顾客有直接的联系，所以它们会根据自身掌握的情况不断地报出黄金的买价和卖价。因此，一定程度上来说，它们也会影响金价的走势。

2. 银行

在黄金市场中，银行有两种参与形式：其一，自身并不参加黄金买卖，只为客户代行买卖和结算，起的是中介的作用，是黄金生产者和投资者之间的经纪人，以苏黎世的三大银行为代表；其二，将黄金买卖当作自营业务，比如新加坡黄金交易所内就有多家自营商会员是银行。

3. 对冲基金

对冲交易的方法有很多，如卖空、互换交易、现货和期货的对冲等。

近年来，国际对冲基金，特别是美国对冲基金活跃在国际金融市场的每个角落。在黄金市场上，几乎每次金价的大的波动都与基金公司借入短期黄金，在即期黄金市场抛售的同时在纽约商品交易所黄金期货市场构筑大量的淡仓有关。

现在，世界上的一些规模庞大的对冲基金往往利用与各国政治、工商、金融之间千丝万缕的联系，较先捕捉到经济面、消息面的变化，利用其管理的庞大资金进行买空或卖空，这样就能加速黄金市场价格的变化，从中获利。

4. 黄金期货交易经纪公司

黄金期货交易经纪公司是专门代理非交易所会员进行黄金交易，并收取佣金的经纪组织。有的交易所将经纪公司称为经纪行。在纽约、芝加哥、香港等黄金市场里就活跃着许多经纪公司，它们本身没有黄金，也不卖黄金，只是派场内代表在交易厅内为客户代理黄金买卖，收取佣金。现在，经纪公司已经被越来越多的投资集团和个人认可，成了黄金市场中很重要的一环。

5. 机构法人和私人投资者

这类参与者是最广泛、最活跃的，包括专门出售黄金的公司，如各大金矿、黄金生产商、专门购买黄金消费的黄金制品商（如各种工业企业）、首饰行以及私人购金收藏者等，也包括专门从事黄金买卖业务的投资公司、个人投资者等，可以说种类多样，数量众多。

从对市场风险的喜好程度来看，这类参与者可以分为两类：一类是风险厌恶者，希望回避风险，希望黄金保值，将市场价格波动的风险降至最低，包括黄金生产商、黄金消费者等；另一类是风险喜好者，就是各种对冲基金等投资公司，希望从价格涨跌中获取利益，为了获利而愿意承担市场风险。

当然，黄金交易市场除了这五大势力，各大交易所也有实力、势力之别（在下一节详细介绍）。

总之，黄金市场是一个世界性的错综复杂的体系，厘不清其中的关系，投资者便会成为投资界的无头苍蝇。

02

全球黄金交易市场

> 地形有通者，有挂者，有支者，有隘者，有险者，有远者……凡此六者，地之道也；将之至任，不可不察也。
>
> ——《孙子兵法·地形篇》

绝大多数的人都知道，地形的选择在作战中至关重要。其实，在黄金投资中也是如此，不同地方的黄金交易市场就是我们投资作战时所要选择的主战场。

今天，中国贵金属投资行业越发蓬勃，参与交易的人数也与日俱增，同时各种交易平台和经纪公司也相继冒出，令人眼花缭乱之际，往往也让人们无从分辨：谁可靠？

当今世界上最主要的黄金交易市场有哪些呢？不同的交易市场各有什么特点？

世界三大黄金交易模式

经过多年的发展，世界各大黄金交易市场已形成了较为完善的交易方式和交易系统，且在不同的黄金交易市场中，为黄金交易提供的服务机构和场所各不相同，交易模式各有特点，大体可以分为三类交易模式：欧式、美式和亚式。

1. 欧式交易模式

欧式交易模式没有固定的交易场所，采用这类交易模式的市场以伦敦黄金市场和苏黎世黄金市场为代表。

比如，伦敦黄金市场由各大金商及其下属公司组成，金商与客户之间通过电话、电传等方式交易；苏黎世黄金市场则由三大银行为客户代为买卖并负责结账清算。伦敦和苏黎世黄金市场上的买家和卖家的信息都是较为不透明的，交易量也难以估计。

2. 美式交易模式

美式交易模式下，人们在商品交易所进行黄金买卖业务，这建立在典型的期货市场基础上。采用这类交易模式的市场以纽约商品交易所和芝加哥商品交易所为代表。

期货交易所是一个非营利性机构，本身不参加交易，只是为交易提供场地、设备，同时制定有关法规，确保交易公平、公正，对交易进行严格的监控。

3. 亚式交易模式

亚式交易模式有专门的黄金交易场所，同时进行黄金的现货和期货交易。交易实行会员制，只有达到一定要求的公司和银行才能成为会员，并且对会员的数量配额有着极其严格的控制，虽然会员数较少，但是会员的信誉极高。采用这类交易模式的市场以香港金银业贸易场和新加坡黄金交易所为代表。

比如，香港金银业贸易场内会员交易采用公开叫价、口头拍板的形式进行。由于金商严守信用，极少出现违规之事。

其实，以上各种交易所只是在具体的形式和操作上有所不同，其运作的实质是一样的，都是尽量满足世界不同黄金交易者的需求，为黄金交易提供便利。

国际七大黄金交易市场

当今世界上主要的黄金交易市场分布在英国伦敦、瑞士苏黎世、美国的纽约和芝加哥、中国香港、日本东京和新加坡，这些黄金交易市场在运作中各有特点。

1. 伦敦

伦敦黄金市场是世界上最大的黄金市场，黄金供应者主要来自南非。

1804年，伦敦取代荷兰阿姆斯特丹成为世界黄金交易中心，1919年伦敦金市正式成立，由五大金商（汇丰银行、丰业银行、洛希尔国际投资银行、德意志银行和瑞

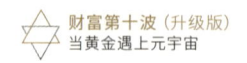

士信贷第一波士顿银行❶）于每天上午和下午两次定出当日的金价，也就是金价定盘，其定价影响纽约和香港的黄金交易。

伦敦黄金市场的交易制度比较特别，由于其没有固定的交易场所，交易全凭各大金商的销售联络网完成。其会员由五大金商及一些公认的有资格向五大金商购买黄金的公司或商店组成"一级网络"，然后再由各个加工制造商、中小商店和公司等连锁组成"二级网络"。交易时由金商根据各自的买盘和卖盘，报出买价和卖价。伦敦黄金市场的交易非常灵活，黄金的纯度、重量等都可以选择，若客户要求在较远的地区交易，金商也会报出运费及保费等。

一般，在伦敦黄金市场买卖黄金不用现金交收即可买入黄金现货，到期只要按照约定的利率支付利息就行了，但是这种情况下你不能获取实物黄金，其实本质上只是会计账上的一种数字游戏，直到你进行了相反的操作平仓为止。

2. 苏黎世

瑞士苏黎世黄金市场是第二次世界大战后发展起来的。瑞士具有特殊的银行体系和辅助性的黄金交易服务体系，黄金交易环境自由、保密，加上约 80% 的南非黄金

---

❶ 已于 2004 年退出。

被其获得，以及苏联的黄金也聚集于此，使其不仅是世界上新增黄金的最大中转站，也是世界上最大的私人黄金存储中心，其在国际黄金市场的地位仅次于伦敦黄金市场。

苏黎世黄金市场没有正式的组织结构，由瑞士的三大银行——瑞士银行、瑞士信贷银行和瑞士联合银行负责清算结账，三大银行不仅为客户代行交易，而且自身主营黄金交易业务。

苏黎世黄金市场不像伦敦黄金市场那样有金价定盘制度，而是在每个交易日的任一特定的时间，根据供需状况议定当日交易金价，全日金价在此基础上波动，不受涨跌停板限制。

3. 纽约和芝加哥

1977年后，美元贬值，美国人为了套期保值和投资增值获利，使得黄金期货迅速发展，纽约和芝加哥黄金市场便因此发展起来。

目前，纽约商品交易所和芝加哥商品交易所是世界上主要的黄金期货交易中心，对黄金现货市场的金价影响很大。

比如，纽约商品交易所本身不参加期货的买卖，只是提供场所和设施，并制定法规保证交易公正、合理地进行。它对进行现货和期货交易的黄金的重量、成色、价格波动的上下限、交易时间等都有极为详尽且复杂的描述。

4. 香港

香港黄金市场由于优越的地理条件很快吸引了欧洲金

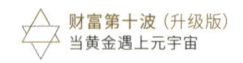

商的注意，他们纷纷来港设立分公司，逐渐形成了一个无形的当地"伦敦金市场"，促使香港黄金市场成为世界主要的黄金市场之一。

香港黄金市场在时差上刚好填补了纽约、芝加哥市场收市和伦敦市场开市的空档，可以连贯亚欧美，形成完整的世界黄金市场。香港黄金市场主要由三个小市场组成：

香港金银业贸易场，以华人资金商为主，有固定的买卖场所，交易的黄金规格主要为99标准金条，交易方式为公开喊价，现货交易。

香港伦敦金市场，以国外资金商为主，没有固定的交易场所。

香港黄金期货市场，与美国的纽约商品交易所和芝加哥商品交易所的黄金期货市场的性质是一样的。

5. 东京

东京黄金交易所成立于20世纪80年代初，是日本政府正式批准的唯一的黄金期货市场。会员绝大多数为日本公司。黄金市场以每克日元叫价，交收标准金的成色为99.99%，重量为1000克，每宗交易合约为1000克。

6. 新加坡

新加坡黄金交易所成立于1978年，目前时常经营黄金现货和1个、2个、4个、6个、8个、10个月后交割的6种期货交易。

中国黄金投资渠道

新中国成立后，政府对黄金实行统一管理、统收统配的政策，直到 1993 年，国务院办公厅下发了《关于调整黄金经济政策问题的复函》，确立了黄金市场化方向，1993 年也被称为黄金市场化元年；2002 年，上海黄金交易所开业，标志着中国黄金开始走向市场化。随后综合了发达市场与先发的发展中市场的成功经验，中国建立了较为规范的黄金交易体系，并依靠中国黄金产量、消费量全球第一的实体基础，借助金融改革的东风，人民币"上海金"定价机制的推出，中国黄金交易市场规模不断扩大。

那么，在中国黄金市场目前都有哪些黄金投资渠道呢？

1. 上海黄金交易所

上海黄金交易所是国内成立最早、影响最大的黄金交易所，产品涵盖主要贵金属品种，有两种交易方式：一种是标准黄金的交易通过集中竞价方式进行，实行价格优先、时间优先撮合成交；另一种是非标准黄金的交易通过询价等方式进行，实行自主报价、协商成交。会员可自行选择通过现场或远程方式进行交易。

截至 2020 年年末，上海黄金交易所有会员 280 家，其中金融类、综合类会员共 156 家，特别会员 124 家。国内会员单位年产金、用金量占全国的 90%，冶炼能力占全国的 95%；国际会员均为国际知名银行、黄金集团及投资机构。

2. 上海期货交易所

上海期货交易所于 2008 年推出黄金期货。其与上海黄金交易所一同成长壮大，两个市场相得益彰，互为补充。

3. 银行账面黄金投资

目前各大商业银行基本都有各自的账面类黄金投资业务，以纸黄金为代表。

同时，商业银行承担了现货黄金交易代理商和做市商的职能。在这种银行黄金做市商制度下，银行报出买卖价格，充当所有买家的卖家，也充当所有卖家的买家，可以弥补中国现有交易模式的不足，提升黄金市场的流动性。不足的是银行类黄金投资产品之间名称、交易时间段、计价方式、计算货币、交易起点等没有统一的规则制度。

4. 投资金条与金币

这一内容下一章的第一节会详细讲述。

尽管目前中国黄金市场与国外成熟的市场相比还有很大的差距，但是作为正在融入全球黄金市场的一个发展迅速的新兴市场，它的潜力是巨大的，对世界的影响力也在不断地加强。这对我们个人投资者来说是一件好事，简单、便利，符合中国国情，使得我们在"家"就可以"炒"黄金。

03

消息"无间道"

> 君之所以明者，兼听也；其所以暗者，偏信也。
> ——［汉］王符《潜夫论·明暗》

自 2021 年下半年，全球资本市场的目光就聚焦在美联储的加息节奏中。现在，俄乌冲突的加剧又成为另一只"黑天鹅"。于是 2022 年 2 月，在黄金交易市场，我们看到了两股力量不断交战：

通胀担忧和俄乌冲突推动着金价上涨，现货黄金升破 1900 美元 / 盎司，创 2020 年 11 月以来新高；但是美股走强及美联储官员的鹰派[1]讲话,似乎又限制着金价的涨幅,很多人又时刻警惕着"靴子落地"行情……

很多时候,金融投资可能比战争还残酷,打仗至少知道对手在哪里,而金融投资中的对手是潜藏的,我们要做的便是在知道自己几斤几两的同时,先在消息面摸透市场信息。

"买消息,卖事实"

虽然黄金市场公平、透明,投资者也可加入,借用各方势力进行角逐,但是金价走势受各种因素影响。一些投资者由于缺乏经验和技术,对一些消息甚至小道消息判断失误,往往会出现"买消息,卖事实"的情况。

"买消息,卖事实"也叫"买预期,卖事实"。所谓的"买消息"就是根据所获取的消息买入黄金。这里的消息指的是预期消息和传言,即投资者根据自己所获得的"情报"判断利多黄金,提前在投资市场大量买入黄金,金价因而上涨。但是,在公布的消息没有达到预期或仅刚好符合预期的情况下,便选择卖出平仓,造成"卖事实"。

---

[1] 鹰派:War Hawk,一个广泛用于政治上的名词,用以形容主张采取强势外交手段或积极军事扩张的人士、团体或势力。另一解释为以强硬态度或手段维护国家民族利益的个人、团体或势力。鹰派的反义词为"鸽派"。

如果消息超过预期或传言,这时候"卖事实"的投资者相对较少,同时由于新进买家拉抬金价,引起金价再次上涨。这种情况不会对黄金行情产生较大的影响,在数据公布前金价仅仅会小幅回落,后又会再次上涨。

那么,为什么投资者会选择"卖事实"?

很多投资者买入黄金凭的仅仅是传言,当消息确切公布后,他们发现消息并没有达到预期,则选择卖出获利。由于是集中性地大量卖出,并且都生怕卖晚了,所以导致金价快速下跌。

比如 2012 年 12 月 12 日,美联储货币政策会议发表声明,表示将在原本每月购买 400 亿美元抵押贷款证券的基础上,追加每月购买 450 亿美元国债。这一声明很显然意味着美联储新一轮宽松政策的推出。声明发表之后,黄金短线快速上扬,其间金价一度上探至 1723.2 美元/盎司,而在声明发表前 6 天金价为 1692 美元/盎司,即一周就上涨约 31 美元/盎司。此为"买消息"。但是市场此前早已预期美联储的此番动作,因此在短暂上扬之后,黄金出现持续下跌,12 月最低至 1636 美元/盎司。此为"卖事实"。

黄金投资不是一个盲目冲动的短线行为,首先考验的是大家对消息面的判断,我们要时刻注意以下 9 个要素。

影响黄金走势的 9 个因素

影响黄金市场的因素很多，往往需要我们综合分析和判断，必须全面了解那些利多金银❶和利空金银❷背后的政治、经济原因。

1. 美元走势

通过前面的分析我们已经知道美元与黄金之间负相关的关系，在影响黄金价格变化的众多因素中，一个相对容易把握的因素是美元指数❸。美联储货币政策的制定也并不是由掌控美联储的几个少数人拍脑门想出来的，而是与美国的经济息息相关。因此要特别注意美国的一些经济数据，其中有几项非常重要的美国经济指标（尤其以非农就业报告和美国 GDP、就业报告为重），对金融市场的影响非常大，也是投资者判断美国经济好坏的重要参考。

2. 战乱和政局动荡

战乱和政局动荡会让经济的发展受到很大的限制。任何当地的纸币都可能会由于通货膨胀而贬值，黄金的重要性便淋漓尽致地凸显出来，人们"认金银不认纸币"，对

---

❶ 利多金银：指有助于黄金白银价格上涨的消息。
❷ 利空金银：指能够促使黄金白银价格下跌的消息。
❸ 美元指数：US Dollar Index®，即 USDX，是综合反映美元在国际外汇市场的汇率情况的指标，它通过计算美元和对选定的一揽子货币的综合的变化率，来衡量美元的强弱程度。

黄金的抢购必然会导致金价上涨。

3. 大选

大选往往对一国的法币、股票、大宗商品、政府政策产生影响，特别是在世界金融市场具有发言权的发达国家及新兴经济体国家的大选，比如美国的历次大选都会对全球经济造成不可忽视的影响。

4. 世界金融危机

当金融危机出现时，黄金往往就会发挥出资金避难所的功能，人们为了保住自己的财富，便会把资金投向黄金，黄金需求量增加，金价就会上涨。唯有在金融体系稳定的情况下，人们对黄金的信心才会大打折扣，将黄金沽出造成金价下跌。

5. 通货膨胀

一国物价稳定时，其纸币的购买力是稳定的，但是如果通货膨胀率增高，纸币的购买力就会减弱，纸币对大家便会失去吸引力。为了使自身资产不缩水，人们便会将手中的纸币兑换成黄金。如果通胀剧烈，持有现金根本没有保障，利息的增加赶不上物价的暴升，以黄金做保值的需求也就越来越大，世界金价必然会越来越高。如果美国和世界其他主要地区的物价保持平稳，纸币不贬值，又有利息收入，而黄金是零利率的，纸币必然会成为大家的首选。当然，世界黄金价格不会受小国通胀的影响。比如智利、乌拉圭等的年化通胀率高达到10%，却对世界金价毫无影响。

6. 本地利率

黄金零利率，其收益全凭价格上涨。在本地利率偏低的时候，投资黄金有一定的益处；但是本地利率升高时，收取的利息会更加吸引人，黄金投资价值的吸引力就会下降，毕竟要考虑丧失利息收入买入黄金是否值得。

7. 经济状况

经济欣欣向荣，人们衣食无忧，有钱有闲，自然会增强投资欲望，民间购买黄金进行保值或装饰的行为就会大为增加，金价也会得到一定的上扬；相反，经济萧条，人们生存的基本保障都得不到满足，自然没有投资黄金的兴致，金价会下跌。

8. 黄金的供需关系

黄金具有商品属性，也受市场供需关系的影响。如果黄金产量大幅增加，供大于求，金价会受到影响而回落；如果黄金供小于求，金价就会上涨。

9. 石油价格

石油和黄金一样都是国际市场上重要的大宗商品，石油的价格对黄金的价格具有一定的指示性。因为黄金能够抵制通胀，与通胀形影不离，而国际石油价格也与通胀水平密切相关，并且二者都受到同一个重要因素——美元走势的影响。一般来说，石油价格上涨意味着通胀会随之而来，金价也会随之上涨。所以，一般情况下金价和石油的价格存在正相关的关系。从历史数据来看也是如此。但是，有时这种正相关关系也会有小区间的反向走势。

我们在分析消息面时，不能单看某一方面或某一点，因为人类的政治、经济是极其复杂的，往往是各种因素交织在一起，难以捉摸，因此，我们还需要借助技术分析的力量。

04

技术的套路

> 知者不惑，仁者不忧，勇者不惧。
>
> ——《论语·子罕》

市场风云变幻，我们不可能获悉全部的市场信息，也无法 24 小时紧盯着市场变化，往往一有风吹草动，便会蠢蠢欲动，不是跟风买进，便是跟风卖出，自以为摸准了黄金市场的套路，结果自己反被套住，最终只能默默忍受钝刀割肉之苦。

任何的投资都有风险，任何的投资也都有套路可遵循，如果在不熟悉黄金投资套路的基础上，盲目进军黄金投资市场，必然会被其"反套路"。

那么，黄金市场有哪些套路呢？有哪些理论或技术是我们必须了解和掌握的呢？

道琼斯理论

道琼斯理论是所有市场技术分析的鼻祖，尽管它曾被批评"反应迟钝"，但是现在的市场分析依然离不开它，它依旧被大多数人推崇。

道琼斯理论主要应用于股票市场，但与其他的技术分析理论一样，是根据价格模式的研究来推测价格行为的一种方法，也可以根据不同市场的不同特性，适当调整后应用于各个投资市场。

道琼斯理论认为，股票市场的运动有三种趋势：基本趋势、次级趋势和短期趋势。

1. 基本趋势

基本趋势即从大的角度来看股票上涨和下跌的变动，能够反映股价的全面性上升或下降。通常情况是，当一个上涨的水准超过前一个高点，每一个次级的下跌的波底都会比前一个下跌的波底高，整体趋势还是上升的，便会形成多头❶市场；但是如果每一个终极下跌导致价格到了更低的位置，并且接下来的弹升也无法将价位拉至最高

---

❶ 多头：指投资者对股市看好，预计股价将会上涨，于是趁低价时买进股票，待股价上涨至某一价位时再卖出，以获取差额收益。

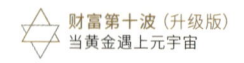

点，其整体趋势是下跌的，便会形成空头[1]市场。

一般来说，长期投资者会将基本趋势作为技术分析的主要对象，根据市场的不同表现买入或抛售股票，而次级趋势和短期趋势则往往不是他们关注的重点。但对于那些经常性交易的投资者来说，次级趋势就显得尤为重要了。

2. 次级趋势

次级趋势是与基本趋势做反向运动的一种逆行行情，并对基本趋势起到牵制的作用，因此也被称作修正趋势。它在多头市场中表现为中级下跌或调整行情，在空头市场中则表现为中级上升或反弹行情。其下跌或上升的幅度一般为股价基本趋势的三分之二或三分之一，通常情况下至少持续3个星期。

3. 短期趋势

短期趋势，就是短暂的波动，通常反映的是股价在几天之内的变动情况，持续时间一般少于6天，最长不会超过3个星期。尽管短期走势对投资者来说意义不大，唯有交易者才会随时考虑它。但是正是由一连串或几个短期趋势组成了次级趋势和基本趋势。

---

[1] 空头：指虽然当前股价相对较高，但是投资者对股市的前景不看好，预计股价将会下跌，于是趁相对高价时卖出股票，待股价下降至某一价位时再买入，以获取差额收益。

艾略特波浪理论

艾略特波浪理论是技术分析最常用的工具之一，由技术分析大师拉尔夫·纳尔逊·艾略特发明。

艾略特利用道琼斯工业平均指数作为研究工具，发现不断变化的股价结构性形态反映了自然和谐之美。根据这一发现，他总结出了市场的13种形态，或称为波浪。在市场上，这些形态会重复出现，但是出现的时间间隔及幅度大小并不一定具有再现性。而后，他又发现这些形态可以连接起来形成一个更大的图形，并由此提出了一系列权威性的演绎法则用来解释市场的行为。于是，久负盛名的艾略特波浪理论就诞生了。

在艾略特波浪理论中，不管是多头市场还是空头市场，市场走势会不断重复一种模式，每一周期由5个上升浪和3个下跌浪组成。其中，第3个浪可能是最长的，即上升时升幅会最大，下降时跌幅也会最大。

艾略特波浪理论最大的价值表现在其普遍性和精确性上，不仅在有关人类活动的很多领域中可以运用它，在确认及预测走势的变化上，其精确效果更是让人叹为观止。这是其他分析方法难以望其项背的。

K 线技术分析

K 线图最早是日本德川幕府时代的米市商人用来记录米市行情与价格波动的图形，因其方式细腻独到，后被引入股市及期货市场。由于这种方法绘制的图形状颇像一根蜡烛，加上有黑白之分，也可称之为阴阳线图。股市及期货市场中的 K 线图包含四个数据，即开盘价、最高价、最低价、收盘价，所有 K 线图的绘制都是围绕这四个数据展开的。

以绘制日 K 线图为例：第一步，确定开盘价和收盘价，将它们之间的部分画成矩形，如果收盘价高于开盘价，则 K 线为阳线，用空心的实体表示，反之则为阴线，用黑色实体表示（现在很多软件都可以用彩色实体来表现阳线和阴线，在国内，红色表示阳线，绿色表示阴线，但在欧美正好相反，绿色表示阳线，红色表示阴线）；第二步，用较细的线将最高价和最低价分别与实体连接，其中最高价和实体之间的线称为上影线，最低价和实体之间的线称为下影线（见图 9-1）。

用同样的方法我们可以绘制分钟 K 线图、周 K 线图、月 K 线图……K 线图能够把某一周期的市场行情记录下来。

我们之所以研究 K 线图，是因为可以从 K 线图的形态判断出交易时间内的市场行情，从而对市场做出看好（涨）或看空（跌）的判断。

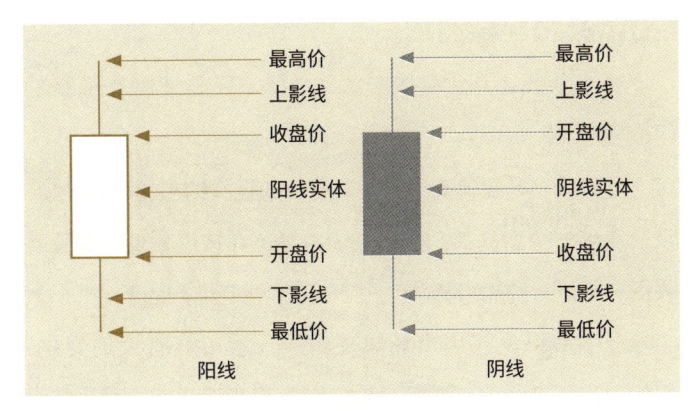

图9-1 K线图的阳线和阴线

K线图是一种特殊的市场语言,不同的形态有不同的含义。

光头光脚阳线、大阳线:强势上涨,后市看好。

光头光脚阴线、大阴线:强势下跌,后市看空。

光头阳线:较强势上涨,但空方开始反击。

光头阴线:较强势下跌,但多方开始反击。

光脚阳线:涨幅不大,已遇到空方反击。

光脚阴线:跌幅不大,已遇到多方反击。

上吊线、锤子线:表示遇到过激烈的反击,后市有变。

流星线、倒锤子线:表明行情正处于混乱不明的阶段,如果连续出现此形态,可作为判断市场方向调整甚至转折的信号。

小阳线、小阴线、十字线:行情疲软,后市的涨跌无法预测,此时要根据其前期K线图组合的形状以及当时所处的

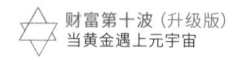

价位区域综合判断。

长十字线：和十字线的意义一样，只是疲软和僵持的程度更剧烈。

墓碑线：开盘价高于上一交易日收盘价的上扬市场缺口，它会走到一个新高点，然后失去力量，在接近最低价的位置收盘，这是一种熊市势头。

一字线：反映出市场成交清淡，后市难有大的变化，但如果出现在涨停（跌停）处，则表明买卖双方力量悬殊太大，后市方向明确，短期难以逆转。

总体来说，阴线实体越长，越有利于下跌，阳线实体越长，越有利于上涨。影线相对于实体来说，如果非常短，则可以等同于没有；指向某一个方向的影线越长，则越不利于市场价格今后向这个方向变动；如果上下影线差不多长，说明多、空双方争夺剧烈，最后持平，后市不确定。十字线出现往往是过渡信号，但不是反转信号，只是暂时失去方向感，稳健的操作方法是继续观察一个交易日。

当然，对于K线长短的度量问题，没有标准答案，不同产品的度量标准是不一样的，需要我们依照具体产品区别看待。

黄金投资毕竟是门"技术活"，我们除了要调整好自身投资心态外，还要注重技术方面的操作。随着我们经验的积累，技术分析会为我们提供出市或入市的依据。

世界性的投资工具

"一生二,二生三,三生万物",古代先贤早已为我们道出了这个世界的秘密。黄金也历经了这样从"一"到"三"的过程。各种黄金衍生品和实物黄金一同构成了当今的国际黄金市场,使黄金投资既是实物投资,也是"符号"投资,成了一种世界性的投资工具,且每一种黄金投资产品各有侧重点,各有操作技巧。

01

三大实物金的投资套路

> 他要像一棵树栽在溪水旁,按时候结果子,叶子也不枯干。凡他所做的尽都顺利。
>
> ——《圣经·诗篇》

这几年伴随着黄金价格的持续走高及相关管制条例的逐渐松绑,实物黄金投资在国内逐渐走俏。加上黄金价格虽然波动,但基本是一路上扬,可以说现在是投资实物黄金的好时机。

其实,投资实物黄金在目前的金融市场中是一种相对稳健的投资选择,虽然金条、金币、金饰三大实物金在制造材质、定价机制、销售机制、交易机制等方面不同,但其交易的核心理念是相同的,就是戒骄戒躁地持续进行投资行为,静待开花结果。

金条

金条包括金砖、金块、金锭、金片等，例如国内投资者熟悉的瑞士金条、金元宝。它具有价值变化微小、流动性较强、变卖性较高等优点，但是也有投资成本高、占资体量大、流转周期长、维护成本相对较高等缺点。

比如，为了避免投资者购入成色不足的金条，100盎司以下的金条及零碎的金粒、金条须为熔金所打造，投资者要支付打造费用；相反，若原块购买标准重量的100盎司的金条或400盎司的金条，由于本身未经打造便出售，其售价与黄金的现货价相同，无须支付打造费用。不过，无论购买何种重量的金条，都要附加0.5%至5%的佣金，如果所购黄金的体量较大，后续还会有运输、存储等安全附加费。当投资者达到预期想要由承接商回购时，虽然回购总量耗损小，但回购成本并不低。比如，中国银行回购时会扣除一定比例的交易费用。[1]

和金币、金饰相比，金条本身没有特别昂贵的铸工和设计费用，是黄金投资中最稳健的黄金商品，结合它自身的交易特点，比较适合高净值长线投资者，有利于资产保值、增值，优化资产配置。对于较为保守的投资者，金条也是一个好选择。

---

[1] 参考自百度百科之实物黄金投资。

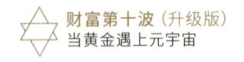

金币

金币分为两种：流通性金币和纪念性金币。

流通性金币是用黄金做的金币，具有流通性，有投资价值，也被称为投资型金币，例如国内常见的美国鹰扬金币、加拿大枫叶金币等。

纪念性金币也是黄金钱币的一种，通常是为了特定目的或因某一事件而印制、发行的有纪念性质的金币，如生肖金币。纪念性金币除去黄金本身的价值，还因限量稀缺性成为被人收藏并具备投资价值的产品。

金币虽然跟金条一样具有保值、增值的功能，但是与金条相比，金币是"工艺品"，带有工艺属性，其最大的价值在于收藏，其次才是投资。它的价格波动很大，不适合做短期交易。其最大的好处是流动性非常强，不仅被广泛认同和接受，也可以随时在金行、银行等地方出售。

需要注意的是，在考虑买金币时，应注意价格、发行主体、制作工艺、铸造机构、是否限量发行、是否回购等因素。

金饰

金饰是指用黄金打造的各种首饰、有纪念意义的黄金徽章及其他具有艺术性的金制品，其原材料黄金称为饰金。

饰金的价格是由金银首饰业商会依照每日的金价行情而定的。金行或金饰商人买入饰金后,要经过设计、铸造等工序,才会将一块块黄金变成可以佩戴装饰的金饰。因此金饰的价格除了饰金的价格外,还会加上手工价、店租与其他销货成本。

与金条、金币相比,金饰的投资意义比较小,更大程度上属于消费品。当然金饰也可以变现,如果低价买、高价卖便可以赚取差价。对一般小额投资者来说,金饰也有一定的保值、增值功能;但是对于专业的投资者来说,没有太大的投资价值。

对于投资者来说,投资实物黄金最重要的是,看清形势,耐心等待。

投资实物黄金并不单单为了赚取差价,很多人也会考虑避险、增值等因素。而金价的波动往往具有很多的不确定性。

投资者必须具备战略眼光,不管金价如何变化,都要不急于变现,不急于获利,看准金价趋势,选择合适的买点介入金市,做中长线投资。而对于注重资金机会成本的投资者来说,仅持有实物黄金并不能产生任何收益。

同时,黄金市场是世界性市场,可规避操纵市场的可能性,投资风险较低。因此,对于日常工作忙碌,有充足闲置资金的投资者来说,最好投资实物黄金,将黄金存入

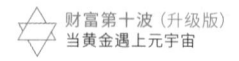

银行保险箱中，做长期投资。特别是高净值投资者，可以长期定量投资实物黄金，从而达到资产保值增值、优化资产配置的目的。

那么，是不是说没有闲置资金就不能投资黄金了？非也！当今的市场已经有很多黄金投资衍生品，比如纸黄金。

02

纸黄金的秘密

> 花非花，雾非雾。夜半来，天明去。来如春梦几多时？去似朝云无觅处。
>
> ——[唐]白居易《花非花》

黄金、白银等贵金属的价格一路攀升，银行也相继推出了相关的衍生产品，比如纸黄金，并且纸黄金也成了当下最火热的投资项目之一。

然而，纸黄金毕竟不是黄金，它更多地仰仗市场的行情，充满不确定性和波动性，更多地考验的是我们的投资心态。认识纸黄金的本质，明白其"来去自如"的天性，不贪不躁，坦然、豁然待之，方是投资纸黄金的制胜之道。

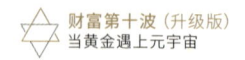

纸黄金 vs 实物黄金

纸黄金是一种个人凭证式黄金,是投资者按银行报价在账面上买卖的虚拟黄金。个人通过把握国际金价走势,低吸高抛,赚取黄金价格的波动差价。其交易只在个人预先在银行开设的黄金存折账户上体现,没有实物黄金的提取和交割。

目前,中国四大银行除了农业银行外,其他三家都开设了纸黄金业务:中国银行的"黄金宝"、中国工商银行的"金行家"和中国建设银行的"龙鼎金"。

和实物黄金相比,纸黄金似乎更有优势。

首先,纸黄金的投资门槛低。根据国际黄金现价,每手10克约1700元就可以交易了,是刚进入黄金投资市场的投资者的最好选择。

其次,纸黄金的价格较低。它的价格是黄金的"工厂价格",而实物黄金的价格则是包含了运输、设计、存储、税收等成本之后的价格,所以每克实物黄金通常比纸黄金贵50~70元。同时,实物黄金变现需要鉴别、折旧、手续费等成本,所以回收时每克的价格要比市场价格低20~30元;而纸黄金没有实物,不存在折旧等成本,手续费每克1元左右。

再次,交易时间不一样。纸黄金与国际金价挂钩,采取24小时交易模式。国内的夜晚,正好是欧美的白日,即黄金价格波动最大之时，为上班族理财提供了充裕的时间。

最后，交易模式不一样。纸黄金提供了美元和人民币两种交易模式，省去了投资实物黄金的不便。同时，纸黄金随买随到账，便于做日内交易，比国内股票市场多了更多短线操作的机会。

纸黄金的投资性价比要高于实物黄金的，但是它只是纸上交易，本质上是投资者和银行对赌黄金是升值还是贬值，没有太大的避险保值功能。如果只为投资，可进行中短期操作，但需要更多的专业知识。

纸黄金的交易策略

纸黄金交易实行的是单向低价买进高价卖出的操作，因此投资者会损失一些投资机会和收益机会。同时，纸黄金交易是全额交易，没有采取杠杆机制进行放大操作，虽然能够让投资者降低亏损风险，但也限制了投资者的收益。

因此，在进行纸黄金的投资时，要注意使用正确的投资策略和投资技巧。

1. 注意交易时机

根据金价走势，选择合适的机会买入卖出。对于市场交易能力不是很突出的投资者来说，季节性交易计划是比较简单的投资策略。一般来说，印度上半年 4 月是结婚高峰期，黄金首饰需求大，下半年9—11月有很多宗教节日，黄金需求也较大；中国的黄金需求主要集中在下半年的9月到春节前后；西方国家的黄金需求则集中在圣诞节前后。因此，投资者可以优先考虑在淡季的6—8月逐步逢低买进，在需求旺季9月至次年4月逢高卖出。

2. 控制节奏

纸黄金虽是虚拟黄金，但是其价格走势完全遵循国际金价的走势，因此也受美元指数、黄金供需等因素的影响，一个成熟的投资者会懂得控制自己的交易节奏，设定好自己的预期，并根据市场走势，判断当前的市场情况，挑选最恰当的交易区间。

当然，在连续的交易过程中，我们对市场走势的判断很难一直正确。一般来说，出现一两次判断失误，影响不大。但是，如果接二连三地出现判断失误，那么最好停止交易，离场休息，然后重新审视市场的变化，这样才可能做出正确的市场判断。

3. 把握好时机

市场上多数的投资者会错过70%的行情，这是非常正常的现象。不要认为每个波段都必须进行交易，投资者一定要冷静、放松，寻找那些可见的交易机会，不要奢望拿到每一分利润。同时，要冷静地把握好离场的时机。

03

保证金交易"预约"黄金

> 世界上有两根杠杆可以驱使人们行动——利益和恐惧。
> ——法国军事家拿破仑

小张要从小王处买 100 万元的货,并给了小王 2 万元做保证金。在约定的交易时间之前,小张把 100 万元的货以 120 万元的价格卖给了他人,这样小张就赚了 18 万元。相当于他用 2 万元撬动了 100 万元,并通过差价获得收益。这就是杠杆的力量。

很多金融衍生品也是以一定比例的保证金撬动大资金。黄金投资也衍生出了类似的投资产品——保证金交易。

其实,探其本质,在投资市场,对利益的追求,让我们不惜"以小博大";对未知的恐惧,让我们"套利保值"。黄金保证金交易的发展、操作也是基于这样的心理动机的。

什么是黄金保证金交易？

黄金保证金交易是指在黄金买卖业务中，市场参与者不需要对所交易的黄金进行全额资金划拨，只需要按照黄金交易总额支付一定比例的价款，作为实物黄金交收时的履约保证。

比如，通常我们想要买 1 盎司的黄金，需要按市价购买，但是保证金交易并不需要我们支付全部金额，按照一定的比例缴纳保证金就行。比如昆腾金属的"黄金增值"，如果 1 盎司黄金的价格是 1900 美元的话，由于增值的作用，我们购买 1 盎司的黄金只需要支付 190 美元，这 190 美元就是我们所称的保证金。

由此可以看到，黄金保证金交易具有实物黄金交易和纸黄金交易不可比拟的优势，其投资门槛低，而且可以随时买卖。

目前，市场上既有黄金现货保证金交易，也有黄金期货保证金交易。

黄金现货保证金交易：Au（T+5）和 Au（T+D）

1.Au（T+5）

T 是指交易期限，也可以理解为你发出交易指令的当天。T+0 指随时可以买卖，T+1 指第 2 个交易日才可以买卖，同理，T+5 指第 5 个交易日后才能进行买卖。

  Au（T+5）就是实行固定交收期的分期付款交易方式，交收期为 5 个工作日（包括交易当日）。买卖双方以合约总金额的 15% 作为保证金确立买卖合约，合约不能转让，只能开新仓，到期的合约净头寸❶即相同交收期的买卖合约轧差后的头寸必须进行实物交收。如买卖双方一方违约，则必须支付另一方合约总金额 7% 的违约金；如果双方都违约，则双方都必须支付合约总金额 7% 的违约金给黄金交易所。

2.Au（T+D）

  D 是 Delay（延期）的首字母。

  Au（T+D）就是以保证金的方式进行的一种现货延期交收业务，买卖双方以合约总金额的 10% 作为保证金确立买卖合约，可以不必进行实物交收，买卖双方可以根据市场的变化情况，买入或者卖出以平掉持有的合约。但是，在持仓期间将会每天发生合约总金额万分之二的递延费。如果买卖双方选择以实物交收方式平仓，则此

---

❶ 头寸指投资者拥有或借用的资金数量。净头寸指交易商在市场上所持的多头与空头头寸的差额。比如一交易商卖出 100 份合约，买进 80 份合约，其净空头头寸即为 20 份合约；假如他卖出 120 份合约而买进 150 份合约，则其净多头头寸为 30 份合约。

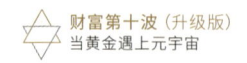

合约就转变成全额交易方式。在交收申报成功后，如买卖双方的一方违约，则必须支付另一方合约总金额 7% 的违约金；如双方都违约，则双方都必须支付合约总金额 7% 的违约金给黄金交易所。

黄金期货

期货是指在一个确定的将来时间按确定的价格购买或出售某项资产的协议。期货合约的签订双方都负有到时必须执行合约的义务。

所谓的黄金期货，是指以国际黄金市场未来某时点的黄金价格为交易标的的期货合约，投资人买卖黄金期货的盈亏，是由进场到出场两个时间的金价价差来衡量的，契约到期后则是实物交割。

黄金期货和 Au（T+D）有以下相同点。

（1）以保证金的方式交易，以小博大。

（2）均可双向交易，买涨买跌亦可。

（3）都是 T+0 交易，随时买随时卖。

（4）都可交割实物。

（5）都有涨跌停，Au（T+D）是 7%，黄金期货是 6%。

二者的不同点如下。

（1）交易渠道：Au（T+D）是上海黄金交易所 2005 年推出的；黄金期货是上海期货交易所 2008 年推出的。

(2) 交易时间：Au（T+D）全天 13 小时交易时间（多了夜盘的交易时间段）；黄金期货全天 5 小时 30 分钟交易时间。

(3) 开户：黄金期货在期货公司便可以操作；Au（T+D）只可以去银行或者黄金交易所下属的结算中心。

(4) 收割制度：黄金期货到了时间必须交割；Au（T+D）可以无限期地持有。

但是不管有何种不同，黄金期货和黄金现货保证金交易作为实物黄金的履约保证，都具有以下两大功能。

(1) 套期保值❶。黄金套期保值，是金商为了规避未来金价不确定性变动带来的市场风险而采取锁定风险或锁定收益于当前值的市场操作手法。这个功能在现货交易和期货交易中都可实现。

(2) 投机获利。由于保证金交易具有较大的杠杆作用，也成为投资者投机获利的工具。

需要注意的是，黄金保证金交易是一把双刃剑，它不需要占据大量资金，只需要一定比例的保证金作为实物交割的担保，确实减轻了投资者的资金压力；但是，这往往

---

❶ 套期保值：俗称"海琴"，又称对冲贸易，是指交易人在买进（或卖出）实际货物的同时，在期货交易所卖出（或买进）同等数量的期货交易合同作为保值。它是一种为避免或减少价格发生不利变动的损失，而以期货交易临时替代实物交易的行为。

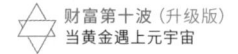

也伴随着很大的风险,如果投资者盲目地将套期保值数量投机性地放大,一旦决策失误,就会造成重大亏损。毕竟杠杆的力量是巨大的,其反噬力量也不可小觑。

04

黄金股票≠黄金

> 只有光,没有热的火花,切不能当作真火!
> ——英国剧作家莎士比亚

在股市中,有一个特殊的存在——黄金股票。披着黄金外衣的它到底是什么?拥有了它,是不是就相当于拥有了黄金?它被冠上"黄金"字眼,和黄金有着怎样的渊源?

我们的世界总是这样:总有一些似是而非的东西迷惑我们。因此,我们在追逐之前,先要擦亮双眼,看清楚我们所追逐的是不是我们所需要的。

黄金股票的本质是股票不是黄金

黄金股票是股票市场中的板块分类,就是黄金公司向社会公开发行的股票,所以它的本质是股票。但是,它的

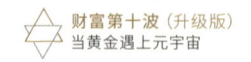

主要投资对象是与黄金生产息息相关的黄金生产商，是黄金投资的一种延伸品，因此购买黄金股票也算是间接投资黄金。

比如，磐泥黄金股票是股份公司根据所拥有的可能含有沙金成分的河床或矿金成分的山地发行的股票，也就是说，投资磐泥黄金股票就是投资那些未经证实、过去没有生产记录的金矿公司的未来，风险很大。但是，如果经证实，所投资公司置有的河床或山地等确有金矿，其收益也是惊人的。

目前，国内Ａ股市场上有中金黄金、山东黄金、紫金矿业等黄金股票。

买卖黄金股票不仅是投资金矿公司，而且还间接投资黄金，因此这种投资行为比单纯的黄金买卖或股票买卖更为复杂。投资者不仅要关注金矿公司的经营状况，还要对黄金市场的价格走势进行分析。

金价走势是关键

黄金公司的业绩直接由金价走势决定：金价走高，黄金公司的业绩就会提高，相应地，黄金股票的价值和价格也会提高；与之相反，金价走低，黄金公司的业绩就会下滑，黄金股票的价值和价格也会下降。

另外，股票市场属于虚拟资本市场，价格弹性很大，因此黄金股票价格的弹性要大于黄金价格的弹性，也就是说，黄金价格上涨，黄金股票的价格涨幅会比黄金价格的涨幅大，黄金价格下跌，黄金股票的价格跌幅通常小于黄金价格的跌幅，因为人们并不会马上对黄金失去信心。因此黄金股票投资者除了要进行股票市场的常规操作外，一定要密切关注并分析黄金价格走势。

一般来说，从长期看，金价依然有走高的趋势，但是黄金价格会随时调整和波动。由于黄金股票的价格弹性比较大，短期内金价的波动也会对黄金股票的价格产生较大的影响。因此，对于不同类型的投资者来说，投资策略是不一样的。长期投资者要充分分析黄金价格的长期走势，不因短期的金价波动而恐慌；短期投资者要密切关注黄金的价格走势，随时调整自己的仓位。

需要注意的是，黄金股票的本质是股票，和股票一样，具有高风险、高收益的特点。所以说，入市有风险，投资一定要谨慎。

05

衍生工具黄金基金

> 借芦苇的摆动我们才认识风,但风还是比芦苇更重要。
>
> ——法国作家纪德

2003年3月,全球的第一只黄金ETF,也就是黄金基金,在澳大利亚的证券交易所推出。

2011年年初,诺安基金管理有限公司推出了国内第一只黄金基金——诺安全球黄金基金。国内第二大基金公司嘉实基金也快速跟上,推出了投资国外黄金ETF的新型基金产品——嘉实黄金。

2020年4月,全球最大的黄金ETF基金SPDR黄金ETF持仓量达1042.46吨,国内华安黄金ETF突破百亿元规模……

十 | 世界性的投资工具

黄金基金已成功抢滩全球金融市场，尤其在境外市场，异常火爆，但因在国内起步较晚，国内投资者对此知之不多。

现实生活中，芦苇的摆动能够让我们感受到风的存在，但是芦苇的摆动仅仅是表现，风才是动力。当今的黄金市场中，黄金 ETF 就是被黄金这股风吹动的芦苇，透过这片芦苇，我们看到"风生水起"，应该趁势而为。

黄金基金是黄金的证券化

黄金基金也称黄金 ETF，是由大型黄金生产商向基金公司寄售实物黄金，随后由基金公司以此实物黄金为依托，在交易所内公开发行基金份额，销售给各类投资者。通常每个基金单位为 1/10 盎司黄金。

黄金 ETF 能够在投资市场脱颖而出，是因为其有自身的优势。

1. 购买黄金 ETF 等于安全便利地持有黄金

黄金 ETF 的资产就是黄金，投资者购买的每份黄金 ETF 份额均有实物黄金保证，持有黄金 ETF 等于持有黄金的财务权益，同时省去了真正持有实物黄金的麻烦。

2. 投资黄金 ETF 的成本收益率高

投资实物黄金是以银行或金商作为交易对手，交易是按照这些机构的报价来执行的，买卖差价较大。而黄金 ETF 是以股票的形式买卖，以其他投资者为交易对手，因此买卖差价较小。成交后，投资者也只是按照交易股票的形式缴纳买卖手续费，因此投资黄金ETF的成本收益率较投资实物黄金的高。

3. 市场流通性高

投资黄金ETF，投资者可以不受中介公司的限制，在较大和透明度较高的股市平台上买卖或放置价盘，因此形成了一个流通性很高的市场。

虽然黄金ETF在产品设计、买卖流通性和资金安全性上对投资者有较大的吸引力，但我们要明白和理解，黄金ETF本身的运营成本会影响黄金ETF的资产净值，从而降低我们所持有的黄金ETF的价值。

黄金ETF的运营成本主要包括基金管理人的管理费用和基金信托人的信托费用。比如在香港上市的SPDR黄金ETF，其基金网页上所标示的基金运营成本每年为基金资产值的0.4%。一般情况下，黄金ETF会将基金名下的资金全数买入实物黄金，因此，当每年要从基金中扣除这笔费用时，基金只能将其部分信托所持有的实物黄金卖出套现，以此来支付给基金管理人和基金信托人的费用。

对金价的影响

黄金ETF除了买卖黄金外，不会进行其他的投资，其黄金权益属于基金持有人，基金管理人只是扮演信托人的角色，以信托的方式去存放和管理基金下所持有的黄金。

同时，黄金 ETF 的存放方式和一般非指定账户的不同，它以指定账户的方式处理。

非指定账户类似于银行的资金账户，客户将来提取的并不是指定的金块，只需要提取相同的黄金数量就可以，因此银行可以利用这些实物黄金做资金方式的运营；而黄金 ETF 在现货市场买入黄金后，将黄金存放在大型银行，但是这些黄金是被"指定"的，将来客户所要提取的是存入的"原金"，银行只能原封不动地保存，不能用这些黄金做资金方式的运营。

正是由于这种不能被银行运作的存放方式，黄金 ETF 在市场上买入黄金后，抽紧了黄金市场的黄金流通性，会对金价产生影响。因此，很多投资者将黄金 ETF 的持仓变化视为金价的走势风向标，特别是 SPDR 黄金 ETF 的持仓量备受关注。从一定程度上讲，SPDR 黄金 ETF 增仓意味着对黄金后市看多，减仓则意味着看空。但是如果说黄金 ETF 的增减仓会影响到金价的波动就片面了。

当今，主流的黄金 EFT 都是开放式的信托模式，金价走势是其最大的风险，如果投资者买入黄金 ETF 的速度超过了黄金的购买速度，则会导致黄金 ETF 的价格超过黄金的价格，从而失去金价追踪的作用。为了消除这种"过剩"

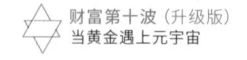

的购买力，基金保管人通常会发行新的黄金 ETF 份额，用筹集来的资金购买实物黄金，并使用这个机制将股市资本分流到实物黄金中，这反映在黄金 ETF 持仓量的增加上。

所以说，片面认为黄金 ETF 的增减仓影响金价的表现显然不够准确，因为黄金 ETF 的需求不等于黄金投资的需求，持仓量的变化对金价的影响是传导效应的体现，而非直接作用于金价。

因此，定期观测黄金 ETF 持仓量的变化可以为我们分析金价走势提供一定的参考，但不起决定性的作用。

十 | 世界性的投资工具

06

数字黄金入局

> 一块小石头可以阻挡一块岩石的滚动,一根柳枝可以改变雪崩的方向。
>
> ——法国作家雨果

2014年,加密货币的价格表现出巨大的波动性,对于投资者来说这意味着巨大的风险,于是一些人发明了稳定币,随后更有人推出了黄金稳定币……

2019年,NFT风头刚起,有一对夫妻就已经意识到,每一枚金币背后都有一个故事,比如它的稀有程度、纪念意义等。于是他们灵机一动,与艺术家合作,设计出创意十足的造币模具,可将某一黄金稳定币铸造成黄金NFT,这样黄金稳定币持有者们就可以拿起他们的金币,放大、翻转、阅读其中的故事……

元宇宙时代，黄金也正在数字化，并产生新的黄金产品。

黄金 Token

黄金上链就是将黄金与区块链技术结合，形成实物黄金的数字化版本——黄金 Token，并与实物黄金一一对应。

比如 DGX，它是建立在以太坊 ERC 20 合约上的黄金 Token，1 个 DGX 的价格等于 1 克黄金的国际价格。它与黄金 ETF 有一点相似，是有实体黄金做背书的，金库位于新加坡和加拿大。

在数字化的全球金融体系中，实物黄金已经逐渐成为"笨重"的资产，有着移动不便、切割困难、转移麻烦、储存费用高昂等问题，对大家来说持有不便、利用率低下。但是基于区块链技术并与实物黄金一一对应的黄金 Token，如黄金 ETF 一般，实现了黄金的线上分割和自由流通，且随着人类数字化进程的发展，黄金 Token 也逐渐分化出三大产品类型——加密黄金、黄金 NFT、黄金稳定币：

加密黄金，就是利用区块链技术将传统黄金映射上链，主要表现在黄金所有权证明上。

黄金 NFT，本质是加密黄金的一种，映射具有收藏价值的实物黄金或黄金艺术品。

黄金稳定币，就是锚定黄金，以黄金计价的虚拟货币。

加密黄金、黄金 NFT 都侧重于资产属性，不过加密黄金更注重权益保障，黄金 NFT 具有艺术收藏价值。而黄金稳定币除了具备资产属性，也注重支付、兑换、流通功能。

加密黄金很好理解，就是数字版黄金，黄金 NFT 前文已有介绍，接下来为大家详细介绍黄金稳定币。

黄金稳定币

随着虚拟货币市场的发展，面对虚拟货币价格的高波动风险，用户需要能够衡量虚拟货币的价值尺度，以及将加密货币快速便捷套现的纽带、媒介，因此以 USDT 为代表的稳定币登上了历史的舞台。

稳定币，常锚定美元等法币或者其他价值稳定的资产，是保持稳定兑换比例的加密货币。稳定是指这种货币在一段时间内的价格不会有大幅波动，相对稳定。

为了让普通人接受，稳定币会锚定价格波动率小的法币。

如 USDT 就是锚定美元，和美元 1∶1 兑换。虽然 USDT 的价格会受供求关系影响，但是它的价值就是 1 美元，价格围绕 1 美元上下波动。但是这样的稳定币并不是真的稳定，原因如下。

第一，稳定币兑换锚定资产需要代币发行组织的信用背书，但是发行组织的信用背书可能随着发行组织信用的崩溃而崩溃。

第二，稳定币所锚定的法币或特定资产，同样需要信用背书。法币有政府进行背书，会随着政治、经济等情形的变动而变动。

比如当前稳定币的龙头USDT，它是Tether公司发行的。Tether公司一直被业内人士诟病，最主要的原因是Tether公司的财务不够透明，始终无法证明有足额的保证金。2020年新冠肺炎疫情暴发，美联储为了避免美国经济骤然崩溃，不得不疯狂开动印钞机，而这实际上是在透支美国的国家信用，美元会随之贬值。也就是说，从长线角度考虑，锚定美元的稳定币可能是长期贬值的加密货币。

也就是说，在人类向数字世界跃迁时，像USTD这样锚定美元的稳定币，一方面因为私人发币组织缺乏好的信用，另一方面因为其随着美元的贬值而贬值，所以不会成为真正的稳定币，它们只是短暂地承担了法币的数字交易功能而已。因此，另一部分人想到了黄金。

在人类历史上，每当法币发生问题时，很多人的视角会不自觉地转向黄金。于是，有人从纸黄金出发，利用区块链技术，将黄金资产映射上链来发行黄金稳定币。

因为黄金数量有限，所以相应的黄金稳定币的数量也有限，具备保值功能，同时也不受汇率和政治因素影响。不过需要注意的是，当前黄金稳定币的流通率不及法币稳定币，同时它更依赖发行组织的信用背书，大家在持有黄金稳定币时一定要多方面考察其背后组织的实力和背景。

其实，不管是选择加密黄金，还是黄金 NFT，或是黄金稳定币，都像是进行一个超级大型的未来社会实验。现在这个实验才刚刚开始，但是不管成败，都必将在人类财富史上留下浓墨重彩的一笔。

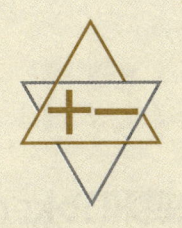

新技术和新场景

黄金产品进化的背后是技术、流通和交易的变革。今天,人类即将跃迁至元宇宙,元宇宙激发了金融创新者的激情,我们需要看清金融科技和新的金融科技解决方案如何为黄金投资交易提供服务。

01

区块链和Token植入

> 人类文明已经从"身份社会"进化到了"契约社会",而区块链有望带领人类从"契约社会"过渡到"智能合约社会"。
>
> ——佚名

曾经,有比特币和黄金专家描述了这样一个交易场景:

即时交易,无须等待支票清算;

没有交易纠纷;

没有最高存款额度,也没有最低存款额度;

账户无须等待交易批准;

富有的人可以使用它,贫穷的人更可以使用它;

没有银行抽资;

完全自愿;

……

是的,这就是基于区块链的交易场景。时至今日,黄金上链早已不是什么新概念了,区块链技术的去中心化和通证经济系统将为黄金交易带来新的变化。

去中心化对黄金交易的"净化"

在传统黄金交易中,黄金的流动性差及购买门槛高令不少人望而却步。区块链的出现,不仅实现了黄金上链,还很好地解决了黄金交易中存在的效率、成本及信用问题。而它对黄金交易最主要的作用便是去信任化和去中心化。前文已经提到了区块链的去信任化特性,这里将介绍区块链的去中心化对黄金交易的影响。

想要弄明白去中心化,先要理解什么是中心化。

我们可以先看一下在淘宝网上购买一件商品的流程。

第一步,下单,把钱打给支付宝。

第二步,支付宝收款后通知卖家发货。

第三步,收到商品后,确认收货。

第四步,支付宝把款项打给卖家。

可以发现,买家虽然是和卖家做交易,但是所有的关键流程都是和支付宝打交道,也就是所有交易的数据都集中存储于支付宝的数据库中。这就是一个最简单的基于中心化思维构建的交易模型。它的优势很明显,就是建立权

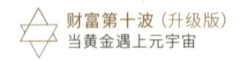

威，通过权威背书来获得多方的信任，同时依赖权威背后的资本和技术实力确保数据可靠、安全。

但是，如果支付宝出现了一个重大的漏洞，或者支付宝的服务器损坏了，数据丢失了，用户在支付宝上的"钱"、交易信息全部丢失了，这个时候，用户就成了"俎上之鱼"：如果支付宝"有良心"，会勉为其难承认用户存钱的事实，但它不承认用户也没辙，因为确实连它自己也不知道这笔转账是否真实存在。这就是中心化的弊端——过分依赖中心和权威，也就意味着只能唯它马首是瞻，用户是没有话语权的。

其实，以往的黄金投资也正是这样一个中心化的交易模式，我们仰仗的是银行、国家信用这样的权威中心，我们的交易信息也都集中在它们的数据库中（包括目前的互联网黄金投资也是如此），存在交易不透明和人为操纵等问题。

但是区块链采用的是分布式核算和存储，通过多地的备份，所有人都能维护一个共同的数据库，都有彼此监督、维护数据库的权力，且已经不需要外在的强制力，如交易所、银行来维系，人们依赖、信赖的不再是国家信用或国家机器，而是自己。不仅如此，我们将不再只是依附于"纸黄金"和"黄金储备银行"等仅部分基于真实资产的衍生产品交易平台，而是通过供应黄金的区块链产品——数字黄金及黄金共享平台拥有坚实的财富后盾。

今天，在黄金市场，各种各样的参与者都在探索区块链，想要将黄金转化为一种数字资产，追踪整个供应链的黄金来源，并将效率引入后贸易结算流程。

可以说，区块链所建立的信任是从细胞开始的，且不可篡改，大大提升了货币和金融交易的私密性和安全性，可以有效消除交易双方对黄金定价制度和资产真实性的怀疑，从而扩大黄金市场交易深度，使得黄金交易所有权更加清晰透明，并为交易者提供流动性更强的买卖市场，提高交易量，同时，去中心化的特点更是为黄金共享再上了一道"保险"。

来自通证经济系统的激励

区块链技术的演进和推广产生了区块链经济现象，比如数字货币的挖掘和交易，也让一个新的经济名词——通证经济，进入了人们的视野。

什么是通证经济？基于 Token 建立的包含流通机制、奖励机制、组织形式、商业模型的经济系统就是通证经济。

以数字货币为例，每一个发币的区块链项目都试图以其所发行的币（Token）作为一种经济激励工具，促进生态圈内各个角色协作，并通过自治组织（DAO）的形式联合社区一同进行治理。任何一个人的贡献越大，得到的币越多，大家的协作程度越高，币的价值便越大。因此，

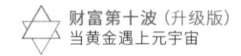

每一个发币的区块链项目都在试图设计一个通证经济系统。

这对黄金交易市场来说也非常具有启发性，黄金交易市场也可以采用通证经济系统，加之区块链技术的特点，让黄金交易生态圈里的每一个人都尽可能诚信、守法，为黄金现货市场带来实实在在的信任价值增值，这无疑对整个黄金市场的稳定和良性发展有着重要的意义。

未来，区块链是元宇宙的基础设施，通证经济是元宇宙经济系统的通用模型，基于区块链和通证经济的黄金交易必将可以进入元宇宙中，并依靠DeFi实现交易畅通。

02

DeFi交易未来式

> 君子生非异也,善假于物也。
>
> ——《荀子·劝学》

如果你需要将手中的一件价值不菲的黄金艺术品兑换成资金,你要怎么做?

放在以往,想要出手的你可能需要放出消息,专门举办一场拍卖会(创造一个交易市场),待价而沽,或寻找黄金回收机构或典当公司"忍痛割爱"。

那么现在呢?你可以将黄金艺术品上链,表示为区块链上的 NFT,然后借助 DeFi,直接用来抵押,或借助去中心化的交易协议,立刻赋予你的黄金 NFT 交易属性。

那么,什么是 DeFi?当黄金交易遇上 DeFi,会碰撞出怎样的火花?

什么是 DeFi？

在传统的金融系统中，金融服务主要依赖中心化的央行，不管是最基本的存取款、转账，还是贷款或衍生品交易。这样的金融服务是中心化的。

随着人类技术的进步，借用大数据、人工智能、区块链、云计算等新科技手段，金融科技不断服务传统金融，但是它并没有改变传统金融的核心业务逻辑，也没有改变金融服务的本质，只是改变了金融活动的流程。比如支付宝，借助互联网解决了用户和银行之间的烦琐流程，加快了交易速度，但是依然是为传统金融服务。

而 DeFi 是去中心化的金融，使用去中心化的技术设施如区块链来构建金融服务体系。

为了让大家更好地理解，我们可以对 DeFi 做一个简单的代际划分：

DeFi 发展的第一阶段：比特币和其他加密货币诞生，为货币的发行和存储提供了点对点结算的解决方案，但还不足以支撑丰富的金融业务。

DeFi 发展的第二阶段：借助基于近几年迅猛发展的去中心化借贷协议进一步开放了区块链世界的金融系统，将创建一个开放源代码、无许可、透明的金融服务生态系统，在没有任何中心化机构的情况下，让世界上的任何一个人都可以随时随地进行金融活动。简单理解，DeFi 希望通过分布式开源协议建立一套透明的、去信任化的点对点金融系统。

DeFi发展至今，相比于传统金融服务，具有以下三大优势：

全球性，目前世界上任何拥有以太坊地址的人都可以立即访问，没人有中央控制权（很多DeFi项目是在以太坊区块链上进行的）。

自我托管，可以在区块链上创建、存储和管理数字资产，实现自我托管，资产的托管权为用户所有。

可编程，所有协议都是开源的，因此任何人都可以在协议上合作构建新的金融产品，并在网络效应下加速金融创新，且构建、分叉、使用均无须许可。

也就是说，DeFi建立起来的是一个更具弹性和透明的金融体系，其无须许可、无须信任、无须审查、透明高效，为数字货币的支付、借贷、投资、资产合成、证券化等搭建了一个畅通的生态系统。而这一切都将很好地弥补黄金交易市场的不足，甚至和NFT结合，改变黄金交易模式。

新模式"NFT+DeFi"

黄金和NFT有一个共同的特点——流动性是软肋。

数千年来，黄金一直承载着财富度量衡的功能，黄金

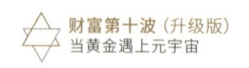

的价值也一直很稳定。然而，我们又不得不承认，购入黄金我们要付出放弃流动性的代价。

法币的流动性就十分强，银行存款可以随时取出，直接用于支付结算，变现能力很强。但是我们无法拿着黄金去购买产品，许多银行也不支持黄金回收，即使支持也有很多约束条件。黄金流通、变现很费事。

然而当NFT遇上了DeFi，便催生了一种新模式——"NFT+DeFi"，在NFT中加入了金融变现，赋予了NFT广阔的流通环境，NFT的流动性问题便被很好地解决了。而当黄金遇上NFT和DeFi，交易方式也将会被改写。

举个简单的例子，你是一个画家，创建了一个NFT画作，你不需要创造一个交易市场，也不需要中心化平台那般的入驻流程，只需要借助去中心化交易所（DEX）协议，立刻就能赋予NFT画作交易属性，进入二级市场。同样的，你如果拥有一件黄金艺术品或独特的金币，也可以生成NFT，借助去中心化交易所协议进入二级市场。

再如，你拥有一件价值不菲的NFT数字艺术品，就可以用其在去中心化银行借贷数字货币。同理，现实世界中的黄金也可以Token化表示为区块链上的NFT，借助DeFi用来抵押。另外，在稳定的经济环境下，黄金的出资价值比较有限。借助DeFi做抵押，我们相当于在持有黄金的同时，也获得了需要的资金。

目前，主流的 DeFi 应用涵盖支付、稳定币、Token 化、去中心化交易所等场景，我们可以借助 DeFi 实现支付、借贷、期货投资等业务。

当然 DeFi 的影响是深远的，除了新的交易模式，还可与传统黄金交易实现优势互补。

DeFi 与传统交易的优势互补

DeFi 本身是开放金融，可以充分利用区块链透明、开放、不可篡改和无须中介的特性，并不需要排斥传统金融，其变革特质、技术特点，也可以为传统金融所用，提升传统金融的服务能力和服务效率，自然也会影响黄金交易市场。

比如，在传统黄金交易市场中会有不同的角色，包括央行、商业银行、交易所、经纪、保险、支付和资产管理机构等，交易过程伴随着风险的转移、资源的配置、价格的发现、债务的处理，并有一套流转于各个角色之间的规范程序，也深受人性如贪婪、欺诈的影响。但是在去中心化系统中，这些名目繁多的角色、流程、业务在 DeFi 领域都被大刀阔斧地优化、简化。我们的规范是智能合约，我们信任的是算法、共识机制，并最大限度地将金融从人性中剥离出来，就像区块链世界流行的一句话那样："不信任、请验证。"因为你使用区块链网络，你个人可以验

253

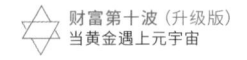

证在区块链上发生的所有交易。对我们个人来说，这简化了黄金交易手续，黄金产权变更也更加容易。

但是我们也要看到，当前的DeFi和传统金融相比，不管是服务能力还是市场规模，都有天壤之别。DeFi想从成熟的传统金融处分得一杯羹，也是长路漫漫。虽然利用"NFT+DeFi"的模式，一定程度上将加密领域与实物挂钩，使项目拥有"底层"资产，但是这更多的是一种投机行为，存在泡沫成分，也需要借助传统金融的资产、合规等来实现规模的扩大。

另外，需要注意的是，当前对于大多数没有加密钱包使用经验的用户来说，不管是NFT还是DeFi，都存在一定门槛，需要大家具有一定的管理资产的能力和经验，加之监管风险，黄金交易很长一段时间还会更多地依赖传统金融服务。不过我们相信，随着监管的完善，DeFi项目的不断简化，DeFi和传统交易的不断融合，未来黄金交易模式一定会被改写，也将极大地释放黄金的流动性价值。

03

元宇宙中的黄金适用场景

> 虚空的虚空，凡事都是虚空。
>
> ——《圣经·传道书》

世界上房价最高的地方在哪里？在元宇宙。

在沙盒平台上，有玩家为了成为一位嘻哈歌手的邻居，豪掷 45 万美元买下一套元宇宙房子。在元宇宙平台沙盒上，一块虚拟土地卖出了 3200 万元的天价。

这一切让很多人觉得元宇宙更像是炒作，就连硅谷狂人马斯克也忍不住向元宇宙泼冷水：这像营销而不是现实。

一套虚拟房子值几十万美元吗？一块虚拟土地真值几千万元吗？是谁定义了它们的价值？这些是资产泡沫吗？

元宇宙的核心是底层科技的迭代和突破，真正的价值是元宇宙经济系统（虚拟货币及其使用）。当前的元宇宙经济系统中缺乏有效的价值标准,这也许正是黄金的机会。

谁在投资元宇宙资产?

谁最早入局加密货币?是怀有信仰的极客。那时,加密货币并没有什么具体的应用场景,极客入局主要是出于对技术的追求及对加密货币的好奇和信心。两三年后,人们逐渐认识到加密数字资产的价值,加之加密数字资产与智能合约相结合,在金融领域拥有广泛的场景性应用,于是入场者中增加了投资者、想了解和参与数字货币投资的前卫人群(当然不乏投机者)、数字交易所(为用户提供数字资产交易服务的平台)……

那么,今天谁在投资元宇宙资产?明星、富人和加密货币持有者、区块链玩家。

对于明星、富人来说,配置资产时需要将一部分钱放在高风险、高收益的项目中,只不过这会儿恰好遇到了元宇宙。对他们来说,花几十万美元在虚拟世界里买块地,就图个心安,万一元宇宙真实现了,在虚拟世界中,自己还是有钱人,避免了财富洗牌。

而对于加密货币持有者和区块链玩家来说,元宇宙和加密货币无缝连接,元宇宙为加密货币找到了应用场景。加密货币最大的卡点之一就在于找不到消费场景。虽然加密货币如比特币也能用于购买东西,但是消费场景毕竟少之又少，也只有具备足够的消费场景，虚拟货币才能真正体现流通职能，才能真正凸显价值。元宇宙的出现无疑为加密货币打了一针兴奋剂，以至于当今元宇宙的疯狂，看起来就像区块链玩家搭建行业生态的专场活动。

面对虚拟资产泡沫，以及高投入、高门槛，我们是否只能充当"吃瓜群众"？并不是。我们需要先弄清楚两个问题：加密货币价格和元宇宙虚拟资产价格暴涨背后有着怎么样的真相？未来，元宇宙经济系统会如何演化？

泡沫的产生源于印钞的把戏

美国经济学家罗伯特·特里芬曾在《黄金与美元危机——自由兑换的未来》一书中指出：美元作为世界货币供应各国，对美国来说收支会出现长期逆差，而美元作为世界货币的前提是币值保持坚挺，这又要求美国的收支必须是顺差。

也就是说，美国需要大量持有美元保持币值稳定，还要大量输出美元保证外币结算。而这是一个悖论，除非美元可以无限量供应。但是那时的美国不怕，因为全球排名第一的黄金储备给了美元作为兑换黄金的唯一世界货币的底气。

然而随着布雷顿森林体系的瓦解，美国走上了印钞之路，而在 2008 年经济危机之后，美国的印钞速度从细水长流变成了大水漫灌。特别是从新冠肺炎疫情暴发到 2021 年年底，短短两年时间美国印了 30 万亿美元，粮食、煤炭、金属、化肥等大宗商品的价格都开始上涨。而当地产、股票、期货、贵金属市场容纳不了这么多货币时，货币只能涌向其他地方。此时，不管是加密货币还是元宇宙的虚拟资产，只要能承接住一定的资金就行。于是资本入场把概念炒热，吸引玩家入场，大量的资金流入，先入场的玩家割后入场的韭菜，最后在暴涨暴跌的行情之下，加密货币、元宇宙资产成为击鼓传花的把戏。

但是，我们要因此而否认元宇宙吗？当然不是！

曾经的极客为什么会对加密货币产生信仰？除了技术原因，也在于加密货币打破现有货币体系弊端的潜在能力。而元宇宙作为新兴大陆，承载着运转新兴经济系统的可能性，也许能够建立一套新的流通、支付机制。

元宇宙中的"金本位制"

今天的元宇宙和曾经的加密货币市场很相似，面对元宇宙资产的高波动风险，用户需要能够衡量资产价值的尺度，以及将虚拟资产快速便捷变现的纽带和媒介。但是由于加密货币自身存在着价格波动风险及缺乏有效的价值保障，用加密货币来充当虚拟资产变现的纽带和媒介显然有着很大的缺陷。因此，元宇宙需要一个稳定币，并且这个稳定币需要与法币之间有良好的兑换关系。这非黄金莫属，黄金和元宇宙将会产生奇妙的化学反应。

第一，黄金进一步 Token 化。

黄金 Token 不仅能够将难以分割的贵金属分割成更小的面额，更方便携带运输，还能大幅度提高资产的转移速度和效率。而元宇宙可以为黄金 Token 提供更为广阔的使用场景，毕竟不管是现实世界还是虚拟世界，很少有人能够抵挡住黄金的诱惑，这将进一步促进黄金的 Token 化。也许，未来我们将越来越习惯于以 Token 或 NFT 的形式持有、交易黄金。

第二，元宇宙有可能建立"金本位制"。

黄金稳定币可以成为元宇宙中其他数字货币的锚定物，就像当年布雷顿森林体系下美元锚定黄金，其他主权货币锚定美元一样。如果这套机制最终能够建立起来，就相当于在数字资产世界中重现"金本位制"，这对于未来数字经济系统规避现在法币系统因超发、泡沫导致的全球性经济危机具有极其深远的意义。如果黄金真能在元宇宙中流通，也许真如有人说的那样，"金钱作为财富媒介的'垄断'地位将终结"。

当然，即便无法建立"金本位制"，有了黄金作为稳定币，虚拟资产也就有了可靠的度量衡和变现媒介，从而就可以有效降低虚拟资产投资风险。

元宇宙中的经济系统，不仅可以依靠数字技术让金

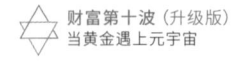

条、金币、金饰 Token 化、NFT 化，让黄金交易更便捷、更快速、更个性化，也可以为黄金及其衍生品提供应用场景。作为个人投资者，我们更需要洞察这样的变化，让自己深刻理解未来黄金市场的运行特点，更好地实现财富梦想。

十二

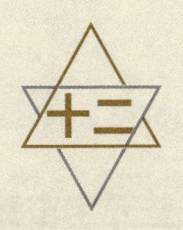

金属灵魂和不褪色的财富

　　有人说，交易要具备四大要素才能成功：知识、控制得当的勇气、金钱以及将这三者妥善结合在一起的精力。而这不仅是对个人能力的考验，更是对我们人生的考验。它是一种哲学，指引我们追问本质、不断反思、做出选择，进而不断地发展和完善我们自身。

01

一些元宇宙真相

> 不可去名上理会。须求其所以然。
> ——《朱子语类·论知行》

在现实社会里，我们的身份呈现方式是身份证，它包含姓名、性别、民族、出生年月日、住址、有效期限等，关联着手机号、护照、银行账户、互联网账户等。

在元宇宙中，我们的身份呈现方式是DID（分布式数字身份），我们的钱包变成地址，地址可以显化为NFT头像，甚至是数字人，其背后关联着我们的社交、资产。

其实元宇宙和现实世界雷同，只是一切都变成了数字版。在元宇宙时代投资，我们也必须认清以下的元宇宙真相。

第一个真相：元宇宙是"碳硅结合"

科幻作家刘慈欣说："在人类面前有两条路，一条向外，通向星辰大海，一条对内，通往虚拟现实。"元宇宙正引领着人类走向"对内"之路，它是人类凭借自身技术构建的一个新的生存时空。只是在现实世界中，我们是活生生的碳基生物，在元宇宙中我们则成了"数字生物"，我们有数字身份，我们进行数字创造、数字交易。用一个极其简单的公式来表示元宇宙就是：

元宇宙 = 数字身份 + 虚拟场景 + 分布式商业

我们的身份从中心化账户升维为去中心化账户；操作空间从手机/PC端升维为虚实相融；商业模式从一、二级市场分离升维为一、二级市场高度相融，并且随着Web3.0的到来，在各种开源环境里各尽其能，加速着人类的"脱碳入硅"——入驻元宇宙，数字资产将变得更加普遍。

第二个真相：元宇宙是个"筐"

曾经有个流行的说法：AI改变了生产力，区块链改变了生产关系。而元宇宙融合了AI和区块链，它改变了生产环境。在全新的生产环境中，元宇宙成为一个无所不装的"筐"，什么都可以往里装，各种新概念层出不穷。另外，当今元宇宙的增量，大部分来自对现实世界落后产能

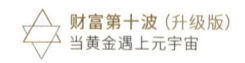

的替代。面对疫情、隐私泄露、市场竞争激烈、行业内卷等，大家都想寻求转型之路，元宇宙的出现无疑是一道曙光、一个风口。因此我们才看到各种企业挂靠元宇宙，推出元宇宙项目。

与个人投资者紧密相关的便是诸如 NFT、DeFi、DAO 等一系列新兴名词，如果我们不能厘清个中关系，很容易一叶障目。这里为大家简要总结一下 DAO 这一组织形态：组织在元宇宙中通过游戏、内容创作等行为分发 NFT，产生利差，然后再通过 DeFi 上市，把利差变成资产价值。打个不是很恰当的比方，DAO 好比企业，NFT 好比企业股份，DeFi 好比企业上市。

第三个真相：元宇宙正在壮大有资产者规模

现实世界中，全球依旧有十几亿人没有银行账户，全球最富有的 1% 左右的人掌握着世界 45% 左右的财富，大众的收入多为单一的劳务性收入，普遍缺乏收入配置，没有恒产。但是在元宇宙中，你为元宇宙社区做出的贡献可以转化为数字资产，存放在你的加密账户中，并且随着元宇宙社区的壮大，你可以收获资产升值后的溢价收益。只要你管好自己的私钥，其他人就没办法取走你的资产。未来将有越来越多的无资产者在元宇宙中变为有资产者。

另外，在元宇宙经济系统中，数字资产的产权会被明确写在区块链地址上，信息透明，交易成本将大幅度降低。根据科斯定理，一旦产权明确、交易成本趋近于0，社会资源的配置效率会达到最高。元宇宙正在从技术的角度践行着科斯定理，不禁令人拭目以待。

第四个真相：元宇宙的发展也是一种心理现象

当前元宇宙的发展不仅是科技现象，而且是心理现象。

元宇宙大火，一方面是因为前面提到的现实世界的内卷，另一方面是因为互联网发展进入了停滞阶段，全世界亟须一个新技术场景来催生想象、打破停滞，此时元宇宙出现了，它够酷，也充满了无限的可能，大家便不约而同地选择了它。当有人带头进军元宇宙时，FOMO心理和投机心理便会产生，于是有人抢跑、追风口、投机、乘机割韭菜，加之资本市场的炒作，元宇宙伴随着种种匪夷所思的解读和怪相，迅速蹿红。

对于我们个人投资者来说，元宇宙真正的精神要义是自由市场。元宇宙试图架构一套设置在代码上的自由交易规则。这些规则和现实中的法律类似，只是其执行效率因为智能合约变得更加高效，数字资产的流通也将突破现有金融市场的桎梏，数字资产将被我们广泛运用。

元宇宙还在飞速迭代中，我们大可不必去纠结于定义、各种对错，重要的是要看到它和其他金融技术一样，在用技术上的可能性使我们的资产更加自由。我们要做的也不是盲目跟风,而是在守护好现实资产的基础上,稳健地开拓元宇宙数字资产。

02

让财富生生不息

> 求木之长者,必固其根本;欲流之远者,必浚其泉源。
>
> ——[唐]魏徵《谏太宗十思疏》

如果你有10万元资产,你可能会原封不动地存进银行;

如果你有100万元资产,你可能会考虑投资一些公司或项目;

如果你有1000万元资产,你可能会开始考虑资产的保值、增值;

如果你有上亿元资产呢?相信这时资产安全是你必然会考虑到的问题。

其实,不管是10万元还是上亿元,每个人都会非常珍惜自己的财富,也都希望自己的财富能够创造更多的财富,并且足够安全。

但是,不管如何我们要明白:不开源,不成江河;欲开源,必先固本。这才是真正的投资理财之道。

黄金是很好的资产配置工具

有数据显示,中国高净值人群的可投资资产总规模将突破90万亿元。很多投资者认识到,在经济增速下滑和利率持续走低的当下,过度持有信用资产和现金资产实际上是一个非常糟糕的策略,很多人也开始着手分散自己的投资资产。

而当下的投资现状是:回报率低于3%的债券及货币市场工具在整个理财产品市场中的份额高达51%,另外现金和银行存款、非标准化债券类资产、权益类投资占46%,其他资产仅占3%,且在这3%当中,包括金融衍生品、公募基金、商品类资产等。也就是说,非信用类资产的市场份额可能还不到0.5%。

比如,黄金投资在这样庞大的市场中就面临着非常尴尬的局面:一方面,国内黄金市场快速发展;另一方面,高净值人群的理财观念却未跟上时代的变迁。很多投资者依然将购买黄金简单地看作一种消费,还有一部分人将购买黄金作为追逐金价波动的获利工具。他们没有意识到黄金更应该是资产的一部分,它是非常好的资产配置工具,也是极佳的防御工具,可以抵御纸币的价值稀释,防范风险。

为什么这么说?

资产配置的核心是分散化配置资产,降低投资时持有单一资产的风险,也就是不把鸡蛋放在同一个篮子中。可供选择的资产类型很多,比如股票、存款、现金、黄金等,其中,黄金的交易、流通虽然以纸币定价,但基本没有现金流入(尽管黄金 ETF 可以通过租赁得到一定的现金流入)。可以简单理解为,除了黄金,其他类型的资产几乎都与现金有关,而现金的价值可能会被法币发行稀释,因此当下的钱和未来的钱的价值是不同的;但是,黄金的价值是永恒的,且随着黄金投资产品的创新,不仅可供选择的投资渠道和产品在增多,获益方式也在改变。

以黄金 ETF 为例,它是紧密跟踪纯度高达 99.99% 的现货黄金价格波动的金融衍生产品。自成立以来,其价格走势几乎没有偏离过现货黄金的价格走势,与其他黄金投资产品相比有三大优势:一是 T+0 交易制度、保证金交易等交易优势;二是有实物支撑,通过基金管理人的管理,黄金 ETF 使得黄金有了增值收益,主要收益来源为黄金租赁,让黄金有了生息的可能;三是它与股票的相关性不显著,也可以适当对冲股市中的部分风险。

那么在资产配置中,配置多少黄金资产比较合适呢?

黄金资产在可投资资产中的合理占比如表 12-1。

表 12-1 黄金资产在可投资资产中的合理占比

可投资资产	黄金资产占比	品种选择
10 万 ~50 万元（不包含）	30%	纸黄金、黄金 ETF、互联网黄金
50 万 ~100 万元（不包含）	20%	积存金[1]、实物金、黄金 ETF、互联网黄金、数字黄金
100 万 ~1000 万元	15%	实物金、黄金 ETF、数字黄金
1000 万元以上	10%	实物金、黄金股票、黄金期货、黄金期权、数字黄金

大家会发现以上的资产分配有个特点：可投资资产越少的投资者，需要配置的黄金资产的比例反而越大。为什么如此设计？

10 万元是一个"起始线"。如果按照可投资资产为 10 万元计算，30% 的配置相当于投资 3 万元黄金资产，而这 3 万元对很多人来说不过是一年的可支配收入，可能占整个家庭的人均财产比还不到 20%，对投资者来说是没有多大压力的。根据《中国家庭财富调查报告（2019）》，2018 年中国家庭人均财产超 20 万元。可投资资产处于 10 万 ~50 万（不包含）元的人群，相对来说风险承受能力比较弱，且流动性需求比较大，在黄金投

---

[1] 积存金指"工银金行家积存金二号"，是中国工商银行与世界黄金协会联合推出的全国首款"日均价格灵活定投"的黄金投资产品。

十二 | 金属灵魂和不褪色的财富

资方面的主要目的是替代储蓄，并且需要能够随时变现，因此推荐纸黄金、互联网黄金等容易变现且风险较低的黄金投资品种。

随着可投资资产的增加，配置的黄金资产的比例要下调，因为黄金虽然有保值作用，但是更多时候不生息，很难创造风险性收益。而可投资资产多的投资者往往是高净值人群或创业者，更倾向于用自己的财富创造更多的财富，注重财富的增值效应，对流动性的要求不高，对黄金投资的需求更大程度上是保证资产安全，也就是避险，因此推荐实物金这样稳健的投资产品。当然，适当地配置有一定风险的品种也是不错的选择，比如黄金股票、黄金期货、黄金期权、数字黄金等。黄金是永不退市的"股票"，且几乎没有系统性风险，还具有增值效应。

大多数人认为，在资产配置中，黄金资产占比最少为15%是非常有必要且合理的，拥有15%的黄金资产，未来在应对各种风险时会让我们无后顾之忧。

03

人生和黄金一样尊贵

> 企者不立,跨者不行;自见者不明,自是者不彰;自伐者无功,自矜者不长。
>
> ——《道德经·第二十四章》

巴菲特的孩子学了音乐,索罗斯的孩子攻读了历史……也许企业家的继承可以持续好几代,但是投资本身非常需要自我成长的能力,这种能力很难继承。当然,你可以通过学习精通投资技巧,但是"大师风范"并不是可以轻易练就的。

真正拥有成为投资大师潜力的人,其实更关注投资本身,他们更能在投资中活出一种人生境界。因此,我们要学习的不仅仅是投资技巧,更是生活态度,让自己的人生如黄金一样拥有持续的价值。

财富的"前世今生"

"财"字从"贝","贝"是人类社会钱的原始形态。因此财富首先着眼的是"金钱"的积累,而这个"金钱"并不是今天我们所理解的纸币,在人类文明历史初期它的主要形态还是实物。随着生产力的发展,货币关系成为重要的社会关系之后,我们才将财富与金钱真正地画上等号,继而财富的积累带来了资本的膨胀,直接推动了整个人类社会的变革。

进入工业社会,我们对积累财富的理解发生了变化,意识到如果只是积累金钱,不过是积累了"一堆数字"。比如,你拥有 100 万元,这 100 万元你拿在手里是货币,但是自你存入银行的那一刻起,它就是银行账户上的一串数字,银行不过是你的"债务人",你的手中依旧是"空"的。更多的人也不再抱着"一堆数字"不放,无数的投资人和金融家也告诉我们:财富是可以更加实实在在的,是可以增值保值的。黄金、不动产、股票、期货、商标,甚至声誉、经济学家强调的各种"机会成本",都可以成为我们财富的一部分。而未来元宇宙更是如此。

同时,随着中国经济社会的发展,人们的财富观已经发生了变化:仇富不仅不能创造和积累财富,一定程度上更是一种病态的社会现象,只有爱慕财富、尊重财富,努力创造和积累财富,并且不炫富、不崇富、不为富不仁,才是正常和健康的社会应有的姿态。任何个人凭自己的劳动、才智和能力，正当地获得财富、理性地使用财富，是值得尊重和鼓励的，这样的人生也是有意义的。

当时代让追求财富变得无可厚非时，在黄金投资市场不断"打磨"可以让我们的人生变得更圆满。

黄金投资中的人生智慧

金融投资是一场技术、心态的博弈，它能够带给我们三大人生智慧——信用、眼界和境界。

1. 信用

黄金投资市场，特别是国外的一些发达的黄金投资市场，是靠信用来维持的，这里既有做市商的信用，更有投资者的信用，信用让黄金投资市场有序、良性发展。在这种市场氛围的带动下，任何一个投资者都会不自觉地讲信用。

能取得别人的信任，是一种强大的说服力，当我们具备这种能力时，我们的人生往往会充满各种机会。

2. 眼界

黄金投资和创业不同，靠激情、情怀很难获得回报，并且越是充满激情可能越容易失败。更多的时候，我们必须像科学家那样，非常专注地进行观测、推演、求证，而这个过程需要我们有较高的认知水平，能洞察各种政治、经济现象背后的本质；反过来，这一过程对我们的认知水平的提升和眼界的拓展都有积极的作用。

当我们的认知水平更高、眼界更开阔时，便会更懂得人情世故和社会走向，对财富及人生也更有掌控力。

3. 境界

人的能力和责任是相匹配的。当我们的财富，尤其是黄金资产越来越多时，社会的良性循环对我们来说会变得越来越重要，我们所关注的将不仅仅是收益，而是整个社会，我们的境界会因此变得更高。

就像比尔·盖茨、巴菲特以及其他成功的企业家那样，他们做慈善、做公益，其实他们并不需要通过这种方式来获得更好的声誉，而是他们认为，只有让社会变得更公平、公正、稳定（而这也正是黄金投资市场所倡导和追求的），他们的财富才更有意义。

善于利用财富是人的大智慧。希望我们的人生能如黄金一样，尊贵、迷人。

参考文献

[1] 金智轩. 一本书读懂黄金投资理财学 [M]. 北京：中国商业出版社，2014.

[2] 金典社区. 通证经济：重构数字化实体经济新生态 [M]. 北京：中国财富出版社，2018.

[3] 赵国栋，易欢欢，徐远重. 元宇宙 [M]. 北京：中译出版社，2021.

[4] 邢杰，赵国栋，徐远重，等. 元宇宙通证 [M]. 北京：中译出版社，2021.

[5] 龚健，徐威，阳昊，等. 加密经济学：引爆区块链新时代 [M]. 北京：机械工业出版社，2019.

[6] 魏强斌，欧阳傲杰. 黄金高胜算交易 [M]. 4 版. 北京：经济管理出版社，2020.

[7] 欧立奇，王晓功，陆益兰. 黄金白银投资宝典 [M]. 北京：电子工业出版社，2015.

[8] 严中平. 印加帝国的灭亡 [J]. 历史研究，1977（4）：115-130.

[9] 袁曾. 元宇宙空间铸币权论 [J]. 东方法学，2022（2）：31-43.

[10] GOLD DIGGER. 元宇宙搭车之——一文读懂 MetaFi 和 DeFi[EB/OL].（2022-01-06）[2022-02-26]. https://zhuanlan.zhihu.com/p/453942004.

[11] 龙涛，杨雪芬. 关于黄金行业供给侧改革的思考 [J]. 黄金，2017，38（12）：1-3.

[12] CABIN VC, FLOW, THE SANDBOX. NFT 行业 2021 年第一季度发展报告 [EB/OL].（2021-05-31）[2022-03-12]. https://www.jinse.com/news/blockchain/1103546.html.

[13] 费联浦. 一文读懂什么是稳定币 [EB/OL].（2021-01-28）[2022-03-12]. https://www.yicai.com/news/100932012.html.